생각대로
되지 않는 건
참 멋진 일이다

생각대로 되지 않는 건 참 멋진 일이다

초판 인쇄 2017년 12월 23일
초판 발행 2017년 12월 28일

지 은 이 안호성
펴 낸 곳 물맷돌 / 수엔터테인먼트
발 행 인 최남철
디 자 인 엔터디자인 홍원준
총   판 생명의 말씀사

출판등록 제 306-2004-8호
주   소 서울시 중랑구 망우본동 134-5
전   화 Tel 010-91944-3215

ISBN 979-11-86126-16-5(03230)

값 13,000원

이책은 수엔터테인먼트사가 저작권자와의 계약에 따라 발행한 것이므로
이 책의 내용을 이용하시려면 반드시 저자와 본사의 허락을 받아야 합니다
잘못된 책은 구입처에서 교환하여 드립니다.

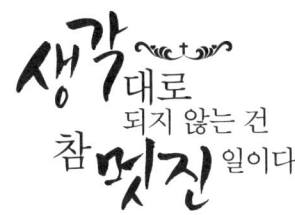

안호성 지음

물맷돌

프롤로그

극동방송 설교를 녹화하는데 그날따라 몹시도 힘들었다. 잠도 못 자고 피로가 누적되어 도저히 새벽에 녹화를 할 수가 없었다. 진한 아이스커피 세 잔을 연거푸 마시고 별짓을 다해서 겨우 녹화를 시작할 수 있었다. 화기애애하게 녹화를 마치는 순간, PD가 소리를 지른다. NG가 났나 싶을 정도였다.

"목사님, 어머! 어떡해요, 녹음 버튼을 안 눌렀어요!"

"오잉?"

쓰러질 것 같은 몸을 쥐어짜며 겨우 녹화를 했는데 녹음 버튼을 안 눌렀다니? 그래도 진정하고 마음을 다시 가라앉히며 녹화를 처음부터 시작했다.

"오늘은 꼭 이상하게 꿈꾸는 것처럼 두 번 설교를 하는 것 같아요"

"그러게요, 두 배의 은혜가 넘치려고 그런가 봐요. 호호호……."

PD가 맞장구를 친다. 그렇게 심기일전 녹화를 다시 시작했다. 설교가 클라이맥스에 다다라 눈물이 터져야 할 순간이 되었다. 목사에게는 가장 중요한 순간이다. 그런데 갑자기 PD가 외친다.

"목사님, 저…… 목사님! 도저히 안 되겠어요……."

그러고는 다급하게 화장실로 달려간다. 10분이 지나고, 50분이 되도록 안 온다. 기다리다가 이상해서 사람을 보냈다. PD도 해외여행을 다녀온 지 얼마 안 돼서 과로로 화장실에서 땀을 흘리며 쓰러졌던 것이다. 다행히 PD는 다시 정신을 차려 돌아왔다. 그때 들었던 말이 아직도 생생하다.

"목사님, 배만 안 아파도 이젠 살 것 같아요."

PD는 신이 나서 설교 녹음을 마무리했다. 문득 얼마 전의 일이 떠올랐다. 호텔방에서 집회를 준비하는데 머리가 너무 아팠다. 타이레놀 한 판을 다 먹어도 전혀 소용이 없었다. 오늘은 도저히 말씀을 못 전하겠다 싶었다. 하필이면 그날따라 여기저기서 전화가 왔다. 그날 집회를 인도할 수 있게 많은 분들께 기도를 요청했다. 하지만 머리는 더 아파왔다. 쓰러져가는 몸을 이끌고 겨우겨우 교회로 갔다. 머리가 빠개질 것처럼 아팠다. 도저히 강단에 설 수가 없었다. 그런데 기적이 일어났다. 강단에 올라서는 그 순간, 마이크를 잡는 그 순간, 두통이 거짓말처럼 사라졌다. 와! 정말 생전 처음 경험해보는 드라마틱한 순간이었다. 그때 드는 생각은 이것이었다.

"머리만 안 아파도 살 것 같다."

배만 안 아파도 살 것 같다는 PD의 말에 며칠 전 있던 내 두통이 생각났다. 그렇다. 머리만 안 아파도 감사하자! 평소 아프던 무릎이, 살인적인 스케줄도 머리 아픈 것에 비하면 아무것도 아니었다. 머리만 안 아프면 이 정도는 다 이겨낼 수 있다!

아무것도 못 할 만큼 나를 사로잡고 있는 아픔, 고통, 통증이 없다면 그보다 약한 것은 무엇이든 할 수 있는 것이다. 그러나 그동안 얼마나 가당찮은 이유와 핑계들로 오늘의 삶을 허비하고 있었던가?

"패자는 실패할 때 그만두고 승자는 성공할 때까지 실패한다."

그리스도인은 실패할 수 없다고 많은 사람들이 오해하는데, 천만의 말씀이다. 실패를 통해 그리스도인의 믿음은 점점 더 성장해나가는 것이다. 그래서 결국 실패자가 승자가 되는 것이 기독교의 패러독스다. 루저들은 항상 실패했기에 결국 패자가 되었노라고 자포자기하고 만다. 승자든 패자든 실패를 경험한다는 과정은 똑같은데 결과는 정반대이다.

이 책은 수많은 패배의 경험을 가진 그리스도인을 위해 쓰였다. 이 책은 승자의 달콤한 꽃길을 노래하는 간증집이 아니다. 패자의 눈물 나는 간증으로 가득하다. 그러나 패자는 결국 웃는다. 더 이상 패자가 아닌 승자로 우뚝 서게 된다. 최후의 승리를 거머쥐는 게 그리스도인의 본질이기 때문이다.

여러분의 인생이 생각대로 되지 않고 뜻대로 안풀리고 답답하신가?

그럼 기대해도 좋다. 생각지도 못했던 일들이 앞으로 일어나고 뜻밖의 축복이 기다리고 있을 것이다. 하나님의 차원은 우리의 차원과 다르다. 수준 높은 차원의 세계를 기대한다면 수준 낮은 내 기대와 계획과 생각과 뜻을 과감히 깨뜨려야 한다. 그것은 깨지는 절망과 실패가 아니다. 오직 그것은 축복이요 위대한 시작임을 기억해야 한다. 오늘도 생각대로 되지 않는다고 낙담하고 절망속에 빠져 있는 사람이 있는가? 아니다. 하나님의 생각대로 일이 진행됨을 믿으라! 오늘도 지치고 상한 채 패배 속에서 포기하려는 당신에게 이 책을 바친다. 생각대로 되지 않는다고 자포자기한 당신에게 이 책을 바친다.

이 책이 나오기까지 함께 기도하고 동역한 울산온양순복음교회 성도님들과 지인 목사님들, 사랑하는 가족들에게 감사의 말씀을 드린다. 오직 하나님께 모든 영광을 돌린다. 할렐루야!

2017년 12월
울산온양순복음교회 서재에서
안호성 목사

생각대로 되지 않는 건
참 멋진 일이다

차
례

프롤로그 _ 04

1. 왜 내 생각대로 안 될까? _ 11

생각대로 되지 않는 건 참 멋진 일이다 / 한 치 앞도 모르는 인생 / 귀한 것도 버리는데 악한 것은 왜 못 버리나? / 패자는 실패할 때 그만두고 승자는 성공할 때까지 실패한다 / 누구에게 질문할 것인가? / 시간은 돈보다 귀하다/ 자기 손에 칼이 없었더라 / 크리스천 패러독스 / 화가 나도 화를 내진 말자

2. 내 뜻이 하나님 뜻이라고 오해하는 순간들 _ 61

유혹을 형통이라 착각하지 마라 / KO승이 아니라 판정승이다 / 기도 없는 행동은 위험하다 / 진짜 성도, 가짜 성도 / 분노와 슬픔의 시간의 시선 처리 / 정체가 아니라 뿌리내림이다 / 사람을 기쁘게 하랴, 하나님을 기쁘시게 하랴 / 너희도 가려느냐/ 하나님의 캐스팅에 응답하라

3. 정말 멋진 일들을 바란다면 _ 135

기초를 세움에 목숨을 걸라 / 능력에 맞는 일을 구하지 말고 일에 맞는 능력을 구하라 / 습기가 마르지 않도록 기도하라/ 효도! 해 봤어? / 당신의 하나님은 살아계십니까? / 부족을 불평 말고 부족을 고백하라 / 눈물이 마르지 않아야 / 본질을 붙들어라 / 열정은 결정이다 / 어떻게 그 분을 기쁘시게 할까?

4. 멋진 일, 그 후 _ 211

사명인생 - 곧 간다고 전해라! / 만나의 은혜 / 철문은 견고해도 열쇠는 간단하다 / 채우심 / 모든 승리가 아니라 최후 승리를 주시는 하나님

에필로그 _ 238

1

왜 내 생각대로 안 될까?

왜 내 생각대로 안 될까?

생각대로 되지 않는 건 참 멋진 일이다

서양에서는 빨강 머리를 차별했다. 불운의 아이콘이었다. 태어날 때부터 빨강 머리였던 앤은 수많은 역경을 만난다. 〈빨강 머리 앤〉에 나오는 대사다.

> 생각대로 되지 않는다는 것은 참 멋진 일이네요.
> 생각지도 못했던 일들이 일어나는걸요.

그렇다. 생각대로 되지 않은 것이 때로는 불행 같지만 덕분에 생각지도 못했던 일들이 일어난다.

> 뜻대로 되지 않는 것은 참 멋진 일이다.
> 뜻하지도 않았던 일이 벌어지기 때문이다.
> 예상대로 되지 않는 것은 참 멋진 일이다!
> 예상외의 일들이 일어나기 때문이다!

이번 성전 건축은 6개월이면 충분할 줄 알았다. 그런데 막상 시작하고 보니 1년이나 걸렸다. 공사 기간이 6개월이나 늘어난 것이다. 김문훈 목사님이 전화를 주셨는데 이렇게 말씀하셨다.

"안 목사, 우리 포도원 교회는 3년 6개월이나 걸렸어. 괜찮아. 더 잘 될 거야."

계획대로 하자면 본당에 중층이 있어야 하고, 4층에 기관실도 있어야 했다. 하지만 모두 철거되고 말았다. 막상 짓고 나니 더욱 심플하고 경건한 분위기의 본당이 완성된 것이다. 4층에는 하늘 정원이 멋지게 만들어져서 야외 결혼식이나 공연장으로 활용할 수 있게 되었다. 우리가 전혀 생각하지도 못했던 일들이 일어난 것이다.

우리 신앙생활에도 이런 일들이 얼마나 많은가? 성경 속에는 위대한 인물들이 자신의 생각대로 인생이 흘러가지 않아서 뜻하지도 계획하지도 상상하지도 못했던 축복들을 누리는 이야기들로 가득 차 있지 않은가?

여기 자기의 생각대로 된 건 1도(?) 없는 요셉을 보라. 인생이 꼬여도 이렇게 꼬일 수가 있을까? 당황스러움의 연속이고 절망의 연속으로 원치 않는 삶의 모습으로 흘러가는 요셉의 인생, 그 결과 생각지도 못했던 애굽 총리의 자리에 오르게 되었다.

베드로를 보라, 밤새도록 고기를 잡기 위해 그물을 던졌지만 허탕만 쳤다. 그의 계획과 생각은 빨리 고기를 잡아 만선으로 일찍 퇴근하는 것이었을 텐데, 하나도 못 잡고 아침을 맞이하게 되었다. 그런데 그 날 아침 예수님을 만나게 되었다. 한낱 고기 잡는 어부에서 사람 낚는 어부로, 주님의 제자로, 복음 전파의 첨병이요 나팔수로, 기독교 역사의 한 획을 긋는 초대교회의 반석 같은 인생으로 쓰임받았다. 베드로의 생각대로 된 것 역시 1도 없다.

행16:6-7
성령이 아시아에서 말씀을 전하지 못하게 하시거늘 그들이 브루기아와 갈라디아 땅으로 다녀가 우시아 앞에 이르러 비두니아로 가고 애쓰되 예수의 영이 허락하지 아니하시는지라

사도행전에 기록된 이 말씀은 잘 납득이 안 되는 부분일 수 있다. 땅끝까지 이르러 복음을 증거하라고 명령하신 예수님의 말씀을 따라 사도들은 전 세계에 복음을 전하기 위해 나아갔다. 그런데 성령께서 아시아에서 말씀을 전하지 못하게 하셨고, 비두니아로 가서도 애썼지만 예수의 영이 허락하지 않아 그곳을 돌아가서 빌립보에 도착한다. 결론적으로 사도들의 생각대로 되지 않은 것이다. 그때 생각지도 못한 일이 벌어진다. 거기서 두아디라에 있는 자색 옷감 장수 루디아라

는 여자를 만나게 하셨다. 루디아의 헌신으로 빌립보에 처음 교회가 세워지게 되었고 빌립보를 통해 아시아를 향한 복음의 교두보를 확보하는 멋진 일이 된 것이다.

사실 사도바울은 사울 시절 다메섹으로 예수 믿는 사람들을 잡아 죽이러 가는 일을 하던 자였다. 그랬던 그가 가는 길에 오히려 예수를 만나 예수님을 전하는 하나님의 큰 사도로 부르심을 받았다. 세계 선교의 위대한 꿈을 가지고 가는 곳마다 귀신을 쫓아내고, 방언을 말하며, 병자를 고쳐 주었을 뿐만 아니라 복음을 전하여 교회를 세우는 능력의 종이 된 것이다. 그런데 그의 승승장구에 제동이 걸렸다. 아시아로 가고자 하였으나 성령께서 허락하지 않으셨고, 다른 곳으로 가고자 하였으나 그곳도 못 가고 빌립보로 가게 된 것이다. 그는 루디아를 만나는 큰 은혜를 경험하지만 귀신 들린 여종의 귀신을 내쫓았다는 죄명으로 옥에 갇히게 되었다. 그리고 빌립보 감옥에서 실라와 찬양 중에 옥문이 열리는 기적을 경험하게 되었다. 그는 죄수가 도망간 줄 알고 자결하려는 간수를 말리며 이렇게 말했다. "주예수를 믿으라, 그리하면 너와 네 집이 구원을 얻으리라!" 감옥에 갇혔던 불행이 도리어 간수의 온 가족이 예수를 믿게 만드는 놀라운 계기가 된 것이다. 바울의 생각대로 된 것은 1도 없다.

길지 않았던 내 인생도 돌이켜 보면 내 뜻과는 정반대의 인생이 펼쳐졌다. 믿지 않으실지 모르겠지만 나는 머리가 좋았다. 하나를 배우면 둘을 알았다. 놀 때는 놀았지만 정신 차리고 공부하니 수능 성적도 잘 나왔다. 선생님도 명문대 원서를 써 줄 정도로 자신만만하게 도전했다. 그러나 보기 좋게 실패했다. 영국에 유학을 했지만 대수술을 받으며 유학도 실패했다. 이번엔 다시 다시스로 가려고 욥바로 내려간 요나처럼 일본 유학을 선택했다. 일본에서도 승승장구 잘나갔다. 대기업에 특채로 높은 자리에 앉게 해 주겠다는 요청이 왔다. 일본 유학 갔다가 대기업 스카우트 제의가 들어오니 인생이 확 풀리나 싶었다. 하지만 하나님께서는 나를 또다시 대수술실의 자리로 인도하셨고, 사망의 음침한 골짜기로 인도하셨다. 정말 안 풀려도 이렇게 안 풀릴 수가 있는가? 그래서 하나님께 서원한 대로 정말 하고 싶지 않았던, 정말 아무것도 할 줄도 모르던 목회의 길로 들어섰다. 개척을 하는 김에 그래도 새로운 도시 신도시에서 개척을 멋지게 하고 싶었다. 조치원 세종시에 교회를 개척하고 싶었지만 땅값이 서울 강남 땅값에 맞먹었다. 싼 곳이 없나 지방 도시를 알아보니 울산이 괜찮겠다 싶었다. 울산에 내려가서 개척할 곳을 알아보니 시내 땅값도 개척할 환경이 안 되었다. 땅이라도 한 평 사서 건축하자는 마음으로 찾고 찾다 보니 시골인 울산 온양에 개척하게 되었다. 그런데 하나님께서는 놀라운 일을 시작하셨다. 조용했던 시골 마을에 생기가 돌고 수많은 아파트 단지와 주택들이 건설되기 시작하였다. 천지개벽을 한 것이다. 울산온양순복음교회도 나날이 부흥하여 하나님의 살아 계심을 선포하는 시대의 증거자로 마음껏 사용하시는 기적을 맛보게 되었다. 이제 내 생각대로 안 되고 뜻하지 않게 전국구 인생이 된 것이다.

여러분의 인생이 생각대로 되지 않고 뜻대로 안 풀리고 답답하신가? 그럼 기대해도 좋다. 생각지도 못했던 일들이 앞으로 일어나고 뜻밖의 축복이 기다리고 있을 것이다.

콜럼버스는 인도 대륙을 찾다가 뜻하지도 않았던 아메리카 신대륙을 발견하게 되었다. 세계적인 테너 훌리오 이글레시아스는 레알 마드리드 유소년 축구 선수였지만 오토바이 사고로 장애를 입어 축구의 꿈을 접고 오히려 세계적인 명가수가 되었다. 콘돌리자 라이스 전 미 국무부 장관의 꿈은 원래 피아니스트였다. 평생을 쌓아 온, 젊은 날을 바치며 쌓아 왔던 피아니스트의 꿈은 물거품이 되고 말았다. 하지만 그는 정치판에 뛰어들어 미국의 유명한 국무부 장관이 되어 명성을 날렸다.

코카콜라는 원래 음료로 개발된 것이 아니다. 감기약을 만들다가 실패한 것이 바로 코카 콜라의 시작이다. 3M에서 개발하여 전 세계적인 히트 상품이 된 포스트잇은 원래 접착제를 개발하다가 실패해서 나온 것이다. 비아그라 역시 심장병 약을 개발하다가 실패해서 나온 약이었다.

쇼트트랙 선수였던 이승훈은 국가 대표 선발전에서 넘어지는 바람에 대표에서 탈락하고 말았다. 그는 장거리 스피드스케이팅으로 종목을 바꾸어 연습하기 시작했다. 그리하여 첫 스피드스케이팅 출전에서 놀랍게도 장거리 1만 미터에서 아시아 선수 최초로 금메달을 획득했을 뿐만 아니라 5,000미터에서 은메달을 따내는 쾌거를 올렸다. 실패가 도리어 엄청난 승리의 기회를 준 것이다.

광주은진교회 고 3 학생의 간증이 있다. 이 학생은 날마다 새벽이면 교회에 나와 하나님을 위해 쓰임받기를 기도했다. 안타깝게도 수능 점수가 너무 안 나와서 의대는 꿈도 못 꾸다가 겨우겨우 인터넷으로 의대 신청을 하게 되었다. 그런데 그날 의대 홈페이지가 디도스 공격을 받아 많은 학생들이 원서 접수를 제대로 하지 못하는 이상한 일이 벌어졌다. 그 학생은 예비 후보 8번으로 당당하게 이름을 올렸고 나중에 추가로 합격되었는데, 후보 7번과의 점수가 40점이 넘게 나왔다. 도무지 이해할 수 없는 일이 벌어진 것이다. 하나님께서는 도무지 일어날 수 없는 일이 우리에게 일어나게 하신다.

누가선교회에서 선교를 하다가 어느 성도님을 만났는데 그분께서는 며느리 간증을 해 주셨다. 카이스트에 떨어져서 아주공대에 입학했으나 거기서 1등을 해서 의대에 편입하는 특혜를 받아 의사가 되었다고 한다. 참으로 하나님의 역사는 신기하지 않은가?

> 하나님의 차원은 우리의 차원과 다르다.
> 수준 높은 차원의 세계를 기대한다면
> 수준 낮은 내 기대와 계획과 생각과 뜻을
> 과감히 깨뜨려야 한다.

그것은 깨지는 절망과 실패가 아니다. 오직 그것은 축복이요 위대한 시작임을 기억해야 한다. 오늘도 생각대로 되지 않는다고 낙담하고 절망 속에 빠져 있는 사람이 있는가? 아니다. 하나님의 생각대로 일이 진행됨을 믿으라! 그리고 하나님의 놀라운 일을 기대하라! 그래서 생각대로 되지 않는다는 건 참 멋진 일이다.

한 치 앞도 모르는 인생

음성군기독교연합성회를 2015년과 2016년 연이어 두 번이나 인도하게 되었다. 말씀을 증거하면서 무극중앙성결교회 이행규 목사님의 안타까운 소식을 들었다. 생애 처음으로 동서 내외가 시흥에서부터 와서 집회에 참석하여 설교에 큰 은혜를 받고 기뻐하며 목사님 댁에서 자고 다음 날 돌아갔는데 그날 그만 교통사고로 세상을 떠났다는 비보였다. 분명 어제 말씀에 큰 은혜를 받고 기쁨으로 가득 찬 모습을 보았건만, 마치 망치로 한 대 맞은 것처럼 정신이 없었다. 내 설교가 누군가에게는 인생의 마지막 설교였다고 생각하니 참으로 두렵고 떨리는 마음을 주체할 수가 없었다. 천국을 가기 전 그가 마지막 들은 설교가 내 입술을 통해 전해졌다. 하나님 앞에 섰을 때 그분께서 뭐라 하셨을까? 정말 내 설교를 통해 하나님의 마음과 음성이 잘 전달되었을까? 두려웠다. 나는 최선을 다해서 말씀을 증거했는가? 그것이 정말 최선이었을까? 전심을 다해 하나님의 말씀을 전했을까? 그것이 그의 인생에게 주시는 하나님의 마음과 뜻에 정말 적합했을까? 고민하지 않을 수 없었다. 오늘 이 말씀은 영적인 큰 울림, 충격을 그대로 전하기로 작정하였다. 그래서 이 말씀은 두렵고 떨리는 마음으로 준비한 말씀이다.

시편 90편 10절에 "우리의 연수가 칠십이요 강건하면 팔십이라도 그 연수의 자랑은 수고와 슬픔뿐이요 신속히 가니 우리가 날아가나이다."라고 말씀하고 있다. 우리의 삶은 날아가는 삶이다. 아무리 70세를 살고 80세를 산다고 할지라도 금방 지나가 버리는 삶이다. 끽해야 백 년 밖에 살지 못하는 인생이 이 땅에서 천년만년을 살 것처럼 하고 있지는 않는가?

우리가 죽음을 기억하고 그 마지막이 있음을 늘 기억하며 산다면 큰 교훈을 얻고 사는 것과 마찬가지다.

현재 한국인의 기대 수명은 81.3세라고 한다. 이 기대 수명은 계속해서 늘고 있는 추세다. 향후 100세 시대를 맞이하게 될 것이라고도 말하고 있다. 과학적으로 포유류는 성장을 멈추는 시점에서 다섯 배를 더 살 수 있다고 한다. 사람은 25세를 전후하여 성장이 완전히 멈추기 때문에 125세까지 살 수 있다고 한다. 노아 홍수 이전에는 사람이 900살 넘게 살았다. 그러나 노아 홍수 후에는 하나님께서 인간의 수명을 120세로 제한해 놓으셨고(창6:3) 인간의 수명은 급격히 줄기 시작했다.

인간의 과학과 환경이 발전하면서 현대인의 수명은 120세를 향해 급격하게 늘어나고 있는 추세다. 이제 우리도 120세까지도 살 수 있게 되는 시대가 열렸다. 그러나 아무리 오래 산다고 해도 정말 기대한 만큼 살 수 있을 것인가? 인간은 꼭 120세까지 살 것처럼 착각하고 산다. 오는 순서는 있지만, 가는 순서는 따로 정해져 있는 것이 아닌데도 말이다. 납골당에 가 보면 많은 사람들의 사진과 이름을 쉽게 확인할 수 있다. 언제 태어나서 언제 세상을 떠났는지도 기록되어 있다. 어린 아이들과 청년들도 쉽게 찾을 수 있다.

설교 녹화 방송을 할 때 책을 열 권 이상 읽고 예화를 찾는다. 얼굴을 마주 보며 하는 설교가 아니기 때문에 특히나 예화에 신경을 쓴다. 그래야 지루하지 않고 잘 듣게 된다. 그런데 죽음을 대면하고 난 후의 내 설교는 방향이 많이 바뀌었다. PD에게 오늘은 설교가 지루할 수도 있고, 예화도 없어 건조할지도 모르겠다고 했다. 녹화가 끝나자 이서진 PD가 눈물을 글썽이며 은혜 받았다고 하며 이렇게 말한다. "죽는 날을 알려 달라고 기도해도 되나요?"라고 묻는다. 하나님께서 언제 우리를 부르실 줄은 아무도 모른다. 설령 알려 주신다고 해도 그것이 우리의 삶에 어떠한 영향을 끼친단 말인가? 언제 주님 앞으로 갈지 모르기 때문에 하루하루가 소중하고, 후회 없이 살기 위해 더욱더 노력해야 하는 것이 아닌가?

아무리 80수를 누리고 100수를 누린다고 할지언정 하나님께 순종하고 살지 않고 자신의 이기적인 탐욕과 욕심을 채우고 산다면 그 무슨 의미가 있단 말인가? 그래서 시편 90편 12절에 이렇게 말씀하신다. "우리에게 우리 날 계수함을 가르치사 지혜로운 마음을 얻게 하소서." 우리 삶이 한계가 있고 많이 남아 있지 않음을 알고 사는 것이 곧 지혜라는 말씀이다. 우리 인생의 끝이 있음을 알고 어디쯤 와 있는지 계수할 수 있는 사람이 지혜자이다.

당신의 인생 시계는 언제인가? 중년의 나이 6시인가? 노년의 나이 10시, 12시인가? 청년의 때인 3시 반인가?

버리기 게임이 젊은이들 가운데 유행이다. 하루에 한 개씩 필요 없는 물건들을 버리는 것이다. 버리고, 또 버리고, 그러고 나면 집 안이 깨끗해진다. 정리가 된다. 나에게 하루가 주어진다면 무엇을 할 것인가? 내 인생의 삶의 가치는 무엇인가? 마지막에 해야만 하는 꼭 하고 싶은 일이 바로 우리 인생의 가치다.

우리 인생의 궁극적인 목적은 '하나님을 영화롭게 하고 하나님께 영광을 돌리는 것'이다. 그런데 지금 교회가 타락하면서 목적이 뒤집어졌다. 하나님을 영화롭게 하는 것이 아니라 하나님이 자신을 영화롭게 해야만 되는 것으로 착각한다. 자기의 영광을 구하고 하나님을 이용하는 썩어 빠진 신앙이 우리의 삶을 헛되게 만들었다.

그런 일련의 사건들로 인해 이제는 쓸데없는 걱정과 근심들이 너무 유치하고 아무것도 아님을 깨닫게 되는 기회가 되었다. 하루하루가 정말 소중하고 귀한 날들이 아닐 수 없다. 사실 형편없는, 쓸데없는 문제들로 시간을 낭비한 적이 얼마나 많았던가?

예수님은 죽음을 앞두신 이제 얼마 남지 않은 시간에, 그 긴박하고 중요한 시간에, 마지막 밤을 무엇 하며 보내셨는가? 우리 주님은 그 긴박하고 절박했던 마지막 순간을 겟세마네 언덕에서 기도로, 오직 기도로만 가득 채우셨다.

어떤 사람은 사과나무를 심고, 어떤 사람은 사랑하는 사람과 식사를 하고, 어떤 사람은 꼭 가고 싶었던 여행지를 찾아가기도 한다. 그러나 주님은 기도로 남은 시간을 가득 채우셨다.

주님은 그 기도의 내용도 하나님의 뜻을 알기 위한 절규로만 하셨다. 내 뜻과 소망, 계획과 목적을 쳐서 하나님의 뜻에 복종할 수 있는 힘을 달라고 부르짖어 외치셨다. 우리 인생의 궁극적 목적은 하나님을 영화롭게 함이다. 가야 할 앞날을 알고도 예수님은 기도하셨는데 우리는 그 갈 길을 알지도 못하면서 기도하지 않는다.

마26:39
조금 나아가사 얼굴을 땅에 대시고 엎드려 기도하여 이르시되 내 아버지여 만일 할 만하시거든 이 잔을 내게서 지나가게 하옵소서 그러나 나의 원대로 마시옵고 아버지의 원대로 하옵소서 하시고

주님도 십자가 죽음의 자리가 두렵고 괴롭고 고통의 자리임을 너무도 잘 알고 계셨다. 그러나 주님은 하나님의 영광을 위해 모든 것을 다 쳐서 복종시키고 오직 하나님의 영광을 구하는 기도를 올리셨다.

우리도 나를 쳐서 복종시켜
내 감정을 쳐서 복종시켜
내 환경을 쳐서 복종시켜
내 기호와 취향을 쳐서 복종시켜
때론 내 관계를 쳐서 복종시켜
하나님의 원대로 사용되기를 원하나이다!

이런 기도가 있어야 하지 않겠는가! 주님은 완전히 아시는 길도 기도로 물어물어 걸어가셨는데 하물며 한 치 앞도 모르는 우리가 기도

하지 않는다는 게 있을 수 있는 일이란 말인가! 어떻게 그리스도인이 기도하지 않고 살 수 있단 말인가!

> 누구이 강조하지만 홍해가 갈라지는 것만이 기적이 아니라,
> 눈먼 바디메오가 눈을 뜨는 것만이 기적이 아니라,
> 여리고 성이 무너지는 것만이 기적이 아니라,
> 해가 뒤로 10도 물러난 것만이 기적이 아니라,
> 기독교 역사상 가장 큰 기적은
> 그리스도인이 기도하지 않는 것이 기적 아닌가!

기도해야 정상이 아닌가? 우리는 불행한 기적의 주인공이 되지 말아야 한다. 오늘이 마지막일 수 있다. 아직 내게 생명이 있다는 것은 하나님께서 계속해서 기회를 더 주신다는 것이다. 먼저 세상을 떠난 사람이 불쌍한 게 아니라 하나님께서 주신 기회를 쓰레기통에 처박고 아무 생각 없이 의미 없이 사는 사람이 불쌍한 것 아닌가? 오늘 우리에게 주신 삶은 참으로 소중한 것이다. 그런데 하루하루 계속 당연하게 여기며 살아간다면 소중함을 잃어버릴 수 있다. 오늘 드리는 이 예배가 마지막일 수 있다. 내게 하나님께서 하루를 더 주신 것은 한 번 더 기회를 주신 것임을 알아야 한다.

하나님의 진정한 재앙은 무엇인가? 바로에게 주신 하나님의 징벌은 교통사고가 아니었다. 사업의 망함이 아니었다. 가정의 깨어짐이 아니었다. 바로의 강퍅한 마음이 아닌가? 그것이 하나님께서 바로에

게 주신 재앙이었다. 바로는 회개할 마음이 1도 없었다. 반성할 마음이 전혀 없었다. 이스라엘의 최악의 왕으로 기록된 아합도 마찬가지였다. 수많은 악행을 이방 여인이자 아내인 이세벨과 더불어 앞서거니 뒤서거니 저지른 자였다. 그들은 회복할 수 없었다. 이것이 진노이고 재앙이다. 오늘 나의 마음이 바로나 아합처럼 강퍅해져 있지 않는가? 겟세마네로 돌아와 피땀과 눈물의 자리로 나아오기를 바란다.

> 깜깜하여 한 치 앞도 안 보이고 모르는 인생,
> 이제 기도의 자리로 나가야 한다.
> 어떻게 해서든지 주님과 1cm라도 가까워지고
> 내 영성의 한 자리도 깊이가 깊어지고
> 내 영성의 온도가 1도라도 올라가는 역사가 일어나기를 바란다.

시대를 이끌어 갔던 루터는 로마 가톨릭의 핍박이 심해지면 심해질수록 기도의 강도를 더욱 높였다. 우리 그리스도인은 '바빠서 기도합니다'라는 신앙고백이 더해져야 할 것이다.

사실 이 부흥회 때 우리 교회가 있는 울산에 태풍이 왔다. 음성까지 가야 하는데 갈 수 있는 상황이 아니었다. 쌓아 놓았던 공사 자재가 태풍에 날아가고, 가로수가 꺾이고, 창문이 다 휘어져 부서지고, 아내는 이러지도 저러지도 못한 채 발을 동동거리며 울고 참으로 안타까운 광경이었다. 스마트폰으로 그 영상을 눈앞에 보면서도 아무것도 할 수 없는 안타까움을 느꼈다. 하나님께서도 우리가 기도하지 않으면 역사하지 않으신다. 도와주시고 싶어도 구하지 않으면 주님께서는 시행하지 않으신다. 기도는 기차 레일과 같다. 기차는 서울도 가고 부산도 가도 전국 방방곡곡을 갈 수 있다. 그러나 못 가는 데가 있다. 레일이 깔리지 않은 곳은 아무리 가고 싶어도 못 간다. 기도는 영적 기차의 레일이다. 레일을 깔면 기도가 응답될 수 있다. 기도를 통해 하나님께서는 역사하신다. 기도의 레일을 내 삶에 많이 깔면 깔수록 하나님이 더 많이 일하신다. 역사하신다. 주님의 전능하신 능력에 힘입어 살기를 원한다면 기도의 자리로 나아오라. 내 삶에 기도의 레일을 깔기를 주저하지 마라!

교회도 마찬가지다. 기도가 아닌 돈으로, 정치로, 관계로 이루어지는 교회, 그것은 교회가 아니다. 오직 주님 아니면 한 걸음도 못 나가는, 오직 기도하지 않으면 아무것도 못 하는 교회, 주님이 이끄시지 않으면 아무것도 못 하는 기도하는 교회로 만들어야 한다.

오늘도 기도로 하루를 살며 준비하며 기도의 레일을 까는 귀한 여러분들이 되시기를 간절히 바란다.

귀한 것도 버리는데 악한 것은 왜 못 버리나?

얼마 전 뉴스에서 집 안 한가득 쓰레기를 쌓아 놓고 살아가는 사람들의 이야기를 접한 적이 있다. 발 디딜 틈조차 없을 정도로 많은 양의 쓰레기들이 집 안을 장악하고 있었다. 정작 집주인은 지하실 작은 창고에서 살고 있었다. 쓰레기에게 살 공간을 내주고 지하 어두운 구석에 내몰린 채 살아가는 모습을 보니 안타깝기 그지없었다. 집주인은 자처한 일이라고 쳐도 이웃 주민들은 쓰레기에서 나오는 악취에 여간 고통스러운 것이 아니었다. 이틀에 걸쳐 쓰레기를 치웠더니 수거한 쓰레기가 20톤에 달했다. 어마어마한 양이었다. 이렇게 쓰지도 않는 물건을 버리지 못하고 하염없이 쌓아만 두는 증세를 저장강박장애라고 한다. 무언가 인생에서 큰 충격과 상처를 받아 생긴 정신 질환인 것이다. 정상적인 사람은 이해할 수 없다. 하지만 이 뉴스를 접하며 '혹시 나도 저런 저장강박장애를 갖고 있지는 않은가?' 생각하게 되었다.

비록 우리 집은 깨끗이 정돈되고 말끔하게 청소되어 있지만 내 마음의 방들에는 버리지 못한 채 꾸역꾸역 쌓아 놓고 있는 수많은 죄악의 쓰레기들, 악한 죄악의 추악한 본성들, 지난날의 상처, 반복되는 부정적인 습관, 누군가를 향한 분노와 혈기, 괜한 걱정과 근심과 염려, 시기와 질투심이라는 쓰레기가 가득 쌓여 있지는 않은가? 라고 생각하게 되었다. 이것들로 인해 내 마음의 선함과 긍정적인 생각, 미래를 향한 진취적이고 소망 있는 비전들이 오히려 지하실 구석진 곳에 쑤서 박혀 있지는 않은지 두려움이 엄습해 왔다.

기독교 신앙이란 어쩌면 끊임없는 버림과 거절의 작업이다.

히브리서 11장에 모세는 이집트 공주의 아들이라 칭함받기를 거절하고 버렸고, 아브라함은 신앙 때문에 고향 땅 친척 아비집을 버렸고, 백 세에 얻은 생명보다 귀한 아들 이삭을 버렸고, 베드로와 안드레, 야고보와 요한도 생명 같던 배와 아버지를 버렸다. 사도바울은 그의 가문과 학벌을 모두 버렸고, 예수님은 근본 하나님의 본체시나 하나님과 동등됨을 버리고 낮아지사 십자가를 지시고 우리를 마침내 구원하신 것이다.

기독교 신앙은 늘 버리고 거절하고 포기하는 것이다. 그렇다고 하나님께서 당장 자신이 가지고 있는 재산, 지위, 직업, 부모, 자식을 포기하라고 하시지는 않는다. 하나님께서는 오히려 우리 마음속에 도사리고 있는 쓰레기 같은 탐욕과 교만과 미움과 시기와 질투의 더러운 마음들, 누군가를 쉽게 비판하고 정죄하는 오만과 편견들, 지난날 과거의 추악했던 반복되는 삶의 습관들을 버리라고 권면하고 계신다. 그런데 이상한 것은 우리가 주를 위해 죽기까지 순종하고 세상의 부귀영화를 버리고 순교의 십자가를 지겠다고 입술로는 그렇게 잘 말하면서도, 우리의 삶을 피폐하게 만드는 악과 더러운 쓰레기 같은 것들을 버리라는 말씀에는 정작 순종하지 못한다는 점이다. 귀한 것도 버리는데 왜 악한 것은 못 버리는가! 좋은 것도 포기하고 사는데 나쁜 것은 왜 못 버리는가! 이제 우리 마음속 방 안을 가득 채우고 있는 분노, 혈기, 미움, 다툼, 교만, 정죄의 쓰레기들을 모두 꺼내어 버리고 정작 그 방을 차지해야 할 행복, 기쁨, 평안, 소망, 비전을 채워야 한다.

선거는 그간 우리 사회를 가득 메우고 차지하고 있던 부정부패, 지역감정, 음행과 모함, 사회적 갈등과 빈부의 양극화, 거짓과 나태, 부도덕과 불성실, 거짓말과 공작, 금권 선거, 사회 약자에 대한 무관심들의 쓰레기들을 말끔하게 처리할 수 있는 기회이다. 더 이상 쓰레기를 가슴에 품고 저장강박장애로 살지 말아야 한다. 버려야 할 것은 버리고 이별해야 할 것은 그만 이별하여 향기 나고 깨끗한 사회가 되기를 소망해야 한다. 정리의 시작은 버리는 것부터이다.

신념과 더 좋은 미래를 위해 귀하고 소중한 것도 버리는데 왜 나쁜 것은 못 버리는가?

패자는 실패할 때 그만두고 승자는 성공할 때까지 실패한다
(Loser quit when the fail, winners fail until they succeed)

자동차 판매왕이 있다. 그가 처음부터 물건을 잘 팔았겠는가? 사실 수많은 거절과 실패가 있었다. 그 과정을 통해 마침내 자동차 판매왕이 되는 것이다. 실패는 승자나 패자나 모두 필수 조건이다. 보험왕도 마찬가지다. 수많은 사람들을 만났고, 셀 수 없는 계약 거절을 경험했지만, 더 많은 사람을 만나 보험을 성사시킨 사람들이다. 될 때까지 그들은 포기하지 않고 달렸다.

많은 사람들은 승자의 화려한 꽃길만 그린다. 승자의 모습 뒤에 감추어져 있는 수많은 상처와 아픔, 어둠과 고난의 시간들은 보지 못한다. 최민호는 2008년 베이징 올림픽에서 유도 60kg급 금메달을 딴 선수다. 첫 경기부터 마지막 경기까지 6경기 전부를 한판으로 이겨 우승을 차지했다. 그가 한판으로 이겼던 선수에는 세계 랭킹 1위와 2위가 나란히 있었다. 최민호 선수가 마지막으로 세계 랭킹 1위와 결승전에서 한판승으로 이긴 장면은 '딱지치기'란 영상으로도 유명하다. 그는 2004년 아테네 올림픽에서 동메달에 머무른 한을 푼 셈이다. 그가 마지막 한판으로 우승하고 매트에서 기도하며 우는 장면은 매우 인상적이었다. 경기 후 심판이 이겼다는 선언을 하고 양 선수가 인사를 마친 후에도 하염없이 눈물을 흘렸다. 그동안 보내야 했던 인내와 고난의 시간들이 떠올랐기 때문일 것이다. 그렇다면 승자는 누구인가?

승자는 실패가 없는 자가 아니라 실패를 견딘 사람이다.

얼마 전 어느 호텔에서 읽었던 한 줄의 글귀가 내 마음을 요동치게 했다. 그리고 설교 제목이 되었다.

'패자는 실패할 때 그만두고 승자는 성공할 때까지 실패한다'(Loser quit when the fail, winners fail until they succeed.)

너무나도 공감이 가고 멋진 말이 아닌가? 승자는 패배와 실패의 경험이 없는 사람이 아니다. 성공할 때까지, 승리할 때까지 패배와 실패의 아픔을 참아 낸 인내의 사람들이라는 말이 다. 오늘 실패와 패배로 고개 숙인 우리에게 얼마나 큰 힘과 위로가 되는가?

기네스북에 오른 전설적인 홈런왕 베이비 루스는 통산 714개의 홈런을 치기 위해 1,330개의 삼진 아웃을 당했다. 배에 가까운 실패를 당한 것이다. 그는 헛방망이질로 허공을 가르는 망신스러운 삼진의 기억을 1,330번 이겨 냈다. 삼진으로 위축되어 소극적인 자세로 다시 타석에 임하였다면 이런 불멸의 기록은 없었을 것이다.

지금 스트라이크 삼진 아웃을 당한 분들도 있을 것이다. 사업의 삼진, 가정의 삼진, 위기에 놓여 있는 사람들이 있을 것이다. 삼진을 당한 것은 곧 다음 타석에서 홈런이 터질 가능성이 더 높다는 의미이다. 설사 내 대가 아니라면 나의 자식 대에서라도 홈런이 나올 것이라 믿어야 한다.

에디슨은 전구의 필라멘트를 만들기 위해 6,000번 이상의 실패를 경험했다. 한 기자와 나눈 대화를 들어 보자.

"당신은 6,000번 이상의 실패를 경험했군요."

"아닙니다. 저는 6,000번 이상 성공에 더욱 가까워진 실험을 했을 뿐입니다."

얼마나 멋진 태도인가!

한 마리 백조같이 우아한 빙상의 여제 김연아는 피겨스케이팅을 예술의 경지에 올려놓은 인물이다. 13년 동안 스케이트를 타면서 한 번의 완벽한 점프를 위해 3,000번 이상의 엉덩방아를 찧었다. 매일 반복되는 회전 연습에 허리는 뒤틀어졌고, 관절과 발가락도 모두 휘어졌다. 그녀의 삶은 실패의 연속이었다. 하지만 그녀는 성공할 때까지 실패했을 뿐이다. 성경 말씀도 여전히 동일한 말씀을 반복한다.

잠24:16

대저 의인은 일곱 번 넘어질지라도 다시 일어나려니와 악인은 재앙으로 말미암아 엎드러지느니라

의로운 사람이라고 실패가 왜 없겠는가? 일곱 번이란 완전한 숫자이다. 일곱 번 넘어진다는 말은 완전한 실패, 처절한 아픔과 고통, 최고 밑바닥을 말한다. 이런 퍼펙트한 실패를 겪을지라도 하나님의 자녀들은 다시 일어난다는 것이다. 본문 속에서 보면 엘리야는 여섯 번의 실패를 경험하고 있다. 간절히 기도했지만 손바닥만 한 구름도 올라오지 않았다. 그러나 마지막 일곱 번째까지 포기하지 않고 간절히 고개를 무릎 사이에 넣고 기도했을 때에 하늘 문이 열리고 단비가 내렸다.

베드로는 밤이 새도록 그물을 던졌지만 고기잡이에 실패했다. 수고했지만 열매가 없었다. 열매가 없으면 사람들은 포기한다. 결과가 없으면 그동안 노력하지 않았기에, 게을러서, 열심히 안 해서 아무런 결과가 없다고 도리어 비난하고 자멸한다. 그러나 베드로는 예수님을 만나 말씀에 의지하여 그물을 던졌을 때에 실패가 성공으로 바뀌게 되었다. 예수님만이 우리 삶의 성공의 키워드라는 사실을 베드로는 발견하였다.

마가는 사도바울과의 1차 선교 여행에서 낙오하며 실패하였다. 그러나 결국 끝까지 주님께 매달려 영적 승리자가 되었으며 사도바울에게 꼭 필요한 유익한 인물로 환골탈태하게 된다.

딤후4:11

누가만 나와 함께 있느니라 네가 올 때에 마가를 데리고 오라 그가 나의 일에 유익하니라

두 번째로 승자는 누구인가?
실패를 다스리도록 연습한 자이다.
부끄럽지만 짧은 목회 기간 동안 우리 울산온양순복음교회도 부흥을 경험하면서 다섯 번의 성전 건축을 통해 수많은 고통과 고난의 순간들을 통과해야 했다. 작은 교회 살리기 부흥회를 위해 전국을 다니면서 말씀을 전하다 보면 몇몇 개척 교회 목사님들은 내게 의구심을 갖는다.
"목사님이 개척 교회 목사의 고통과 심정을 아세요?"
"고생이나 해 보셨어요?"
"승승장구만 하셔서 실패를 모르시잖아요?"
'그럼요, 알다마다요! 왜 모르겠어요! 어쩌면 목사님보다 더 많이 실패하고 바닥에서 울부짖었어요!'
이렇게 외치고 싶다. 저서 〈마음이 없으면 핑계만 보이고 마음이 있으면 길이 보인다〉에서 개척 당시의 상황을 잠깐 밝힌 바 있지만, 사람들이 지금 성장한 교회 모습만 보고 색안경을 쓰고 바라볼 때는 가슴이 답답하다.
미국항공우주국 나사에서 우주 비행사를 훈련시키는 마지막 코스는 실패 훈련이다. 철저한 좌절과 실패의 상황에 고의로 몰아넣는다.

견디면 합격이고, 못 견디면 불합격이다. 좌절과 절망, 실패를 경험한 사람만이 우주에서 견딜 수 있기 때문이다.

자녀들을 양육할 때에도, 그리고 사업을 경영할 때에도, 인생을 살아갈 때에도 성공만 그리지 말고 실패했을 때에 일어나는 준비도 해야 한다. 정확히 말하면 넘어져도 다시 잘 일어날 수 있는 훈련과 대비가 있어야 성공적이고 후회 없는 인생을 살 수 있을 것이다.

유도를 배울 때에 가장 먼저 배우는 것이 있다. 화려한 엎어치기 기술을 먼저 배우는 것이 아니다. 가정 먼저 배우는 것은 넘어질 때 몸을 다치지 않고 안전하게 떨어지는 낙법이다. 낙법 훈련에 많은 시간을 소요하지만 절대 시간 낭비가 아니다.

구조 조정에 들어간 건축 회사 벽산이 책을 한 권 발간했다. 대부분 기업에서 나오는 책은 성공 신화가 담긴 승승장구하는 이야기가 대부분인데, 이 회사의 책 제목은 〈누가 그래? 우리 회사가 망한다고?〉이다. 이 책은 한마디로 김재우 사장과 전 직원이 함께 쓴 반성문이다. 전설적인 성공 신화가 담긴 자화자찬의 책이 아니라 실패를 교훈 삼아 회사를 다시 살리자는 결연한 의지가 담긴 성찰의 책이다. 이 용기 있는 책 덕분에 벽산은 다시 흑자로 전환하여 기사회생, 전화위복의 기회를 맞이하게 되었다.

실패를 만나면 개인이든, 교회이든, 회사이든, 어떠한 공동체이든 그 성숙함을 판단할 수 있다. 우왕좌왕 남 탓만 하다가 지리멸렬하게 망하는 공동체가 있는가 하면, 타산지석으로 교훈 삼아 다시금 업그레이드되어 성숙하게 도약하는 공동체도 있다. 환태평양 지진대에 속한 대표적인 나라 중에 일본과 에콰도르가 있다. 진도 7 이상의 강진이 일본과 에콰도르를 덮쳤다. 에콰도르는 지진 이후 약탈과 범죄가 들끓었다. 구호품이 도착하면 아무도 줄을 서지 않았다. 도시 재건은 엄두도 못 냈다. 반면 일본은 2km 이상 줄을 서며 구호품과 약품을 받았다. 시장은 고개를 연신 숙이며 최선을 다해 위기를 헤쳐 나갈 것을 호소했고, 이재민들은 차가운 체육관 바닥에서 자면서도 불평불만을 꺼내지 않고 서로 도우며 위기를 넘겨 나갔다. 실패와 고난에 대처하는 국민의 수준이 차이가 났다. 진정한 재앙은 천재지변이 아니라, 미성숙한 대처란 것을 새삼 깨닫지 않을 수 없었다.

2016년 총선에서 180석 이상의 대승을 기대하던 여당이 교만과 내분으로 1당 자리마저 야당에 내주며 122석의 초라한 성적표를 거두게 되었다. 국민들의 회초리를 맞고도 정신 차리지 못한 채 서로 자중지란(自中之亂)의 미성숙한 모습을 보이면서 국민들의 실망감을 더욱 부추기고 있다. 안타까운 일이 아닐 수 없다.

어린이날이 되면 부모들이 아이들의 선물을 준비한다. 어느 부모가 자녀가 원하는 것을 거절하겠는가? 그러나 나는 어린이날이 되면 원하는 것 100%를 주지 않는다. 때로는 부족하고 모자라게, 절망과 부족을 이겨 낼 수 있도록 형편이 되어도 적당하게 조율한다.

자녀들에게 줄 수 있는 최고의 선물은 적당한 절망감이다. 절망과 결핍을 알고 이겨 낼 수 있는 자녀들만이 큰 인물이 된다. 어린이날 선물은 적당한 절망감의 선물인가? 아니면 최고의 원함을 주는 선물인가?

다윗, 요셉, 엘리야, 다니엘, 모세, 느헤미야, 사도바울…… 그리고 예수님을 보라. 성경의 위대한 인물들 모두 다 공통점이 있다. 모두 극도의 절망과 슬픔, 비난이라는 시대의 냉혹한 현실을 뚫고 고난을 견디고 이겨 낸 분들이란 점이다.

실패의 순간에 절망하여 도망치는 비겁을 버리고 실패를 통해 교훈을 얻어 더 큰 그릇으로 성숙하고 성장하는 나와 여러분과 교회와 우리나라 대한민국이 되기를 바란다.

누구에게 질문할 것인가?

이미 당신의 미래는 결정되어 있다. 정말일까? 정말이다.
"목사님. 그건 운명론, 숙명론 아닙니까?"
누군가 이렇게 반문할 줄로 안다. 하지만 사실이다. 이미 당신의 미래는 결정되어 있다. 그건 바로 당신이 누구를 만나 질문, 혹은 상담하느냐가 당신의 미래를 결정해 주기 때문이다. 우리는 문제를 만나면 자신의 힘으로 해결하려고 한다. 자기 능력 밖의 일이란 사실을 깨달으면 제일 먼저 찾는 것이 바로 당신을 도와줄 사람이다. 당신보다 더 큰 힘을 가지고 있는 사람, 지혜가 있는 사람, 돈이 많은 사람, 재능이 있는 사람을 찾는다. 당신이 찾는 사람이 바로 답이다. 당신은 이미 해결책을 가지고 있는 그 사람을 찾아가는 것이다.

"그래, 그 사람이라면 해결할 수 있어!"

당신이 결정한 질문자, 바로 그 사람이 당신의 미래를 결정한다. 성경 말씀에 나봇의 포도원을 탐내는 너무나도 유명한 아합의 이야기가 있다. 아합은 누구와 상담했는가? 바로 그의 아내인 이방의 여인 이세벨이었다. 이세벨은 성경에 나오는 3대 악처 중 하나일 정도로 그 악랄함이 극에 달한 여자다. 우상 숭배의 아이콘일 뿐만 아니라 아합을 등에 업고 국정을 좌지우지했다.

나이가 40을 넘으니 요즘 피곤하고 기력이 예전만 못하다. 무당을 찾아가 이런 소리를 하면 굿을 하라고 할 것이고, 의사에게 찾아가면 건강검진을 받으라고 할 것이다. 우리 교회에서 보험업을 하시는 아무개 집사라면 "목사님, 보험을 일단 들어 두셔야겠어요!"라고 말할 것이 분명하다. 친구 목사님들을 찾아가면 "안 목사님, 기도하세요."라고 할 것이고, 진돗개 박병선 장로님을 찾아가면 "목사님! 전도하세요!"라는 말을 들을 것이다.

신기하게도 각기 대답은 정해져 있다. 내가 누구를 찾아가느냐가 미래를 결정한다.

그렇다면 우리는 어떤 상담자를 찾아가야 할 것인가? 누구를 찾아가야 하는가?

첫째, 긍정의 상담자를 찾아라.

세상에는 딱 두 종류의 사람이 있다. 긍정적인 사람과 부정적인 사람이다. 짚신 장사하는 아들과 우산 장사하는 아들을 둔 어머니가 있었다. 어머니는 비 오는 날은 짚신 장사하는 아들의 물건이 안 팔릴까 봐 걱정했고, 날이 맑은 날은 우산 장사하는 아들의 물건이 안 팔릴까 봐 걱정했다. 그래서 하루도 안 빼고 늘 걱정을 했다. 하루는 옆집에 살던 지혜로운 박 권사님이 걱정 많은 어머니를 찾아가서 이렇게 충고했다.

"비 오는 날은 우산 장사하는 아드님 우산이 잘 팔릴 것 아니에요?"

"그렇죠."

"그럼 비 오는 날은 우산 파는 아드님을 생각하시면 되잖아요!"

"그러네요."

"맑은 날은 짚신 장사 아드님의 짚신이 불티나게 팔릴 거 아니에요?"

"당연하죠."

"그럼 맑은 날은 짚신 장사 아드님을 생각하시면 되잖아요!"

"내가 그걸 왜 몰랐을까?"

"맑은 날도 비 오는 날도 아드님 물건이 잘 팔리니 이제 아무 걱정 마세요!"

"네, 정말 감사해요."

그래서 그날부터 아무 걱정 없이 잘 살았다는 이야기다.

중국 열자(列子) 천서편(天瑞篇)에 나오는 이야기이다. 기우(杞憂)란 사람이 살았다. 이 사람은 하늘이 무너질까 봐 하루도 편하게 잠을 잘 수가 없었다. 이뿐만이 아니었다. 딛고 있는 땅도 언제 꺼져 버릴까 노심초사하여 걷는 것조차 매일 불안해했다. 그러던 어느 날, 이 소식을 듣고 지혜로운 사람이 찾아와 이렇게 충고했다.

"본래 하늘이란 가장 가벼운 것들이 올라가서 이루어진 것으로 결코 무너지는 법이 없고, 땅이란 세상에서 가장 무거운 것들이 모여 쌓인 것으로 결코 꺼지는 법이 없습니다. 그러하니 이제부터는 편하게 생각하고 사십시오."

이 말을 듣고서야 비로소 편안하게 살았다는 이야기다.

부정적인 사람은 부정적인 생각이 머리에 가득 차 있어서 결코 쉽게 바뀌지 않는다. 부정적인 환경, 부정적인 가정, 부정적인 남편, 부정적인 아내, 부정적인 부모, 부정적인 스승, 부정적인 사람 밑에서 자란 사람은 그대로 닮기 마련이다. 여러분은 누구에게 질문할 것인가?

시간은 돈보다 귀하다

목포시청에서 일하던 한 젊은이가 전남 증도에 있는 먼 친척집에 놀러 갔다. 그 집 마당 한쪽에 똥개 한 마리가 있었다. 그런데 젊은이는 개보다 개 밥그릇에 관심이 많았다.

"이거 가져가도 돼요?"

"가져가. 3년이나 써서 바꿀 때도 됐거든."

젊은이는 이 개 밥그릇을 경매장에 내다 팔았다. 이때가 1975년이었는데 강남 32평 신축 아파트가 1,200만 원 하던 시절이었다. 그런데 세상에, 경매가 2억 8천만 원에 개 밥그릇이 팔렸다. 사실인즉 당나라로 가던 무역선이 증도 앞바다에 파선하여 거기에서 증도로 떠내려왔던 것이다. 이때부터 9년 동안 보물선 인양 작업이 진행되었고, 국립 해양유물전시관이 생기게 되었다.

아무리 엄청나게 귀한 그릇이라도 그 가치를 모르는 사람들에게는 쓰레기에 불과하며, 개 밥그릇으로밖에 사용할 수 없는 것이다.

우리들도 이 같은 실수를 저지르고 있지는 않는가? 그 귀한 가치를 모른 채 산산조각 내며 버리고 있는 나의 가장 소중한 보물은 바로 '시간'이다.

1,440만 원씩 매일 내 통장에 넣어 준다면 어떻게 하겠는가? 단 조건이 있다. 잔고를 남기면 다 몰수당하는 조건이다. 그렇다면 어떻게 하겠는가? 무슨 수를 써서라도 다 빼서 쓰지 않겠는가? 1,440만 원은 하루 1,440분을 뜻한다. 시간의 가치를 개 밥그릇 정도로 여기며 살고 있지는 않는가?

시간을 나타내는 헬라어는 두 가지가 있다. 카이로스와 크로노스다. 오늘 세월을 아끼라는 성경 말씀은 바로 카이로스다. 카이로스는 물리적 시간을 뜻하기보다는 기회를 뜻하는 말이다. 기회를 아끼는 것이야말로 세월을 아끼고 인생을 소중한 가치로 알고 사는 방법이다.

일할 수 있는 기회, 사랑할 수 있는 기회, 도전할 수 있는 기회, 변화할 수 있는 기회, 돌이킬 수 있는 기회, 인정하고 용서를 구할 수 있는 수많은 소중한 기회, 은혜의 기회, 축복의 기회, 구원의 기회를 놓치지 말자. '시간은 돈이다'라고 한다. 그만큼 시간이 소중함을 의미한다. 아니, 돈보다 더욱 소중하기에 값으로 매길 수 없을 만큼 소중한 것이다.

이 기회들이 우리 곁을 지금 이 순간에도 지나가고 있다. 그 소중함을 잘 아끼고 귀하게 여김으로 인해 후회 없는 축복된 인생의 마무리를 맞이할 수 있기를 소망한다.

은혜에도 때가 있다. 축복에도 기회가 있다. 고린도후서 6장 2절에 '내가 은혜 베풀 때에 너에게 듣고 구원의 날에 너를 도왔다 하셨으니 보라 지금은 은혜 받을 만한 때요 보라 지금은 구원의 날이로다'라고 기록되어 있다.

노력의 양이 아니다. 성실의 유무가 아니다. 은혜와 축복은 타이밍의 싸움이다. 그 기회를 놓치지 않고 간구하고 매달리는 자의 몫이다. 누가복음 19장에 나오는 삭개오는 예수님이 십자가를 지러 예루살렘에 올라가시기 위해 들른 마지막 여정에 만난 사람이다. 삭개오는 그 은혜의 때를 놓치지 않고 구원을 받게 되었다.

열두 해 동안 혈루증을 앓던 여인이 있었다. 그 여인은 회당장 야이로의 딸을 고쳐 주시는 막간에 잠깐 등장하는 여인이다. 메인 스토리의 주인공이 아니었다. 그러나 그 여인은 예수님의 옷자락을 믿음으로 잡았다.

지붕을 뜯어 중풍 병자의 침상을 내린 네 친구들이 있다(막 2장). 그렇게 예수님이 지나가시는 타이밍을 붙들었다. 사람이 많아 접근하기 어려운 상황을 만났을 때 지붕을 뜯어 예수님께 달아 내렸다. 기회를 놓치지 않았다.

베드로는 밤새도록 물고기를 잡기 위해 그물을 내렸다. 베드로는 성실하고 부지런하며 노력하던 사람이었다. 게을러서 물고기를 못 잡은 것이 아니었다. 예수님이 없었기 때문이다. 예수님을 만나지 못했기 때문이다. 예수님을 만나고 예수님의 말씀에 순종하자 배가 가라앉을 정도의 축복이 임하였다. 열심히 한다고 되는 것이 아니다. 회개의 기회를 놓치지 말라.

아담과 하와는 회개의 기회를 놓쳤다. 아담은 하와 때문에, 하와는 뱀 때문에 선악과를 먹었다고 변명하기 급급했다. 회개의 기회를 놓쳐 버린 것이다(창 3장).

가인도 아벨을 죽이고 회개할 기회를 놓쳤다(창4:9). 이스라엘의 초대왕 사울왕도 아말렉을 진멸하지 못했을 때 변명으로 일관했다. 그 결과 회개의 기회를 놓쳤다(삼상15:18-21). 아나니아와 삽비라도 베드로의 질문에 거짓말을 하여 회개의 기회를 놓쳤다(행5:7-10). 아합과 바로는 강퍅한 마음으로 회개의 기회까지 놓쳤다.

아이폰 4가 처음 나왔을 때 CNN에서 보도한 한 늙은 노인이 있었다. 론 웨인이었다. 스티브 잡스는 스티브 워즈니악과 함께 공동으로 애플을 1976년 4월에 창업했다. 처음에는 스티브 잡스가 45%의 지분을, 워즈니악이 45%, 론 웨인이 10%를 갖고 세 명이서 공동 창업하였다. 그러나 11일 만에 론 웨인은 회사 일이 고되다면서 그만두고 800달러에 10% 지분을 팔았다. 이후에 그는 슬롯머신 공장을 차렸지만 실패했고 엔지니어로 전전하다가 쥐꼬리만 한 연금을 받고 카지노를 기웃거리며 남은 인생을 소모하고 있었다. 론 웨인이 현재도 애플 10%의 지분을 갖고 있었다면 220억 달러에 해당하는 돈을 가졌을 것이다. 참고로 우리나라 최고 갑부인 이건희 회장의 자산이 119억 달러에 불과하다.

헌신에도 때가 있다. 기회를 놓치면 아무리 헌신하고 충성하고 땀을 흘려도 풍성한 열매를 거둘 수가 없다. 베드로가 밤이 새도록 수고하고 노력해도 열매가 없었던 것과 같다. 성전을 건축할 때, 인생에서 성전을 짓는 축복의 기회는 평생 몇 번 찾아오지 않는다. 이렇게 좋은 기회를 많은 사람이 놓치고 있다.

파부침주(破釜沉舟: 솥을 깨뜨리고 배를 가라앉히다. 죽을 각오로 싸우겠다는 굳은 결의를 비유하는 말)의 정신이 위대한 사명자를 만든다.

엘리사는 엘리야가 찾아왔을 때 소를 잡고 쟁기에 불을 질러 소를 이웃과 나눠 먹고 엘리야를 따라나서 가장 위대한 권능의 선지자가 되었다(왕상 19장). 베드로는 주님을 만났을 때에 배와 아버지를 떠나 예수님을 따르는 열두 제자 중 수제자가 되었다(눅 5장).

때는 항상 오지 않는다. 기회를 놓치지 말라! 잡아라! 지금이 은혜의 때요, 헌신의 때요, 구원의 때인 것이다.

자기 손에 칼이 없었더라

삼상17:50

다윗이 이같이 물매와 돌로 블레셋 사람을 이기고 그를 쳐 죽였으나 자기 손에는 칼이 없었더라

대부분의 사람들은 다윗의 승리에만 집중한다.

"목사님, 전 그동안 성경을 수없이 읽으면서 '자기 손에 칼이 없었더라'란 구절을 오늘 처음 들어요!"

왜냐하면 다윗이 칼 없이 승리했다는 사실을 까맣게 망각하고 있기 때문이다.

이 본문 말씀의 핵심은 '물맷돌의 강력함' 또는 다윗의 '무기 선택의 탁월함'이 아니다. '하나님 능력의 위대함', '하나님의 이름으로 나아가는 자의 강력함'이 말씀의 핵심이다.

우리 자녀가 대학을 가야 하는데 하나님과 최고의 족집게 과외 선생을 선택하라고 하면 누구를 선택하겠는가? 땅을 사야 하는데 하나님과 최고의 부동산 투자 전문가 중 누구를 선택하겠는가? 실질적인 것, 현실적인 것과 하나님을 선택하라고 하면 누구를 선택하겠는가? 쉽지 않은 선택이다.

10년 전 전국 방방곡곡을 누비며 하나님의 말씀을 증거하는 자가 되기를 소원했고, 선포했다. 기도는 응답되어 전국 교회를 다니며 작은 개척 교회를 살리고 성령의 불을 붙이기 위해 작정하고 헌신했다. 그 당시에는 아무것도 없었다. '그 손에 칼이 없었더라'라는 말씀처럼 밥을 굶어 가며 하나님만 의지하고 붙드는 자존심 하나만 있었다. 이름도 알려지지 않은 시골의 작은 개척 교회 목사에 불과했지만 하나님을 선택했다.

세상의 스펙이나 정치적 줄이나 능력이 아닌 오직 하나님의 능력으로 승리함이 얼마나 멋지고 눈물 나는 행복이 아닌가!

갑옷도 없고, 칼도 없이 거대한 장수 골리앗을 상대해야 했던 다윗은 세상의 시선으로는 그것이 불행이고 열등감의 이유였다. 그러나 오히려 그것은 축복이 되었다. 아무것도 없는 그가 오직 하나님만 의지하게 되었다. 오직 여호와 하나님의 이름으로만 전진하는 인생이 되었다. 이것이 바로 축복이었다. 이것이 성도의 가장 강력한 인생이다.

지난주에 교회 집회를 인도하다가 큰 은혜를 받았다. 그 교회에 다니던 장애를 가진 학생이 서울대학교 피아노학과에 당당히 합격했기 때문이다. 아버지는 큰 종합병원 부원장이었고, 어머니도 명문대를 나온 남부러울 것 없는 환경에서 아이가 태어났지만 장애가 있었다. 자신의 아들이 장애를 가졌다는 것을 부모는 차마 인정할 수가 없었다. 그렇게 치료 시기도 놓치고 아이는 장애를 가진 채 자라났다. 어느 날 외할머니의 손에 이끌려 교회에 간 아이는 피아노에 흥미를 갖기 시작했다. 이 아이는 오직 하나님의 영광을 위해 연주를 하겠다고 서원하고 열심히 피아노를 배우기 시작했다. 그리고 마침내 서울대학교에 합격했다. 부흥회 기간의 기도 중에 일어난 사건이었다. 부모들도 오직 하나님께 의지하고 모든 인간적 교만과 자아를 내려놓고 겸손하게 하나님께 매달려 기도할 때에 하나님께서 더 큰 영광으로 응답하신 것이다.

그러므로 우리는 당연하고 상식적인 무기만이 능사가 아님을 알아야 한다. 의외의 방법으로 하나님을 의지할 때 세상을 이기는 것이다. 칼이 없어도 승리하는 것이다. 그렇다면 우리는 어떤 칼을 들어야 하는가?

바로 기도의 칼을 들어야 한다. 아말렉과의 전투에서 모세는 기도의 팔을 들었다. 그냥 보기에는 손을 든 것이지만 영적으로 보면 기도의 칼을 든 셈이다. 그런데 힘이 빠져서 팔을 내리자 전투에서 졌다. 다시 손을 들면 전투에서 이겼다(출17:8-13). 기도는 성도의 가장 강력한 검이다. 기도의 칼을 들어라.

마21:22
너희가 기도할 때에 무엇이든지 믿고 구하는 것은 다 받으리라 하시니라

마9:29
기도 외에는 다른 것으로 이런 종류가 나갈 수 없느니라 하시니라

기도는 성도의 가장 완벽한 무기이다.
기도는 하나님을 움직이는 시간이다. 하나님이 움직이시면 상황은 끝난다. 이것은 영적 원리이다. 기도를 소홀히 하면서 잘되기를 바라는 사람들이 의외로 많다. 기도의 무릎 없이 열심히 땀만 흘린다. 기도가 먼저다. 기도는 승리를 보장한다. 기도하고 나가는 전도와 기도 없이 나가는 전도는 천지 차이다. 기도하고 드리는 예배와 기도 없이 드리는 예배는 은혜의 깊이가 다르다.

범재는 천재를 이길 수 없고,
천재는 노력하는 사람을 이길 수 없으며,
노력하는 사람일지라도 기도하는 사람은 이길 수 없다.

두 번째 칼은 말씀의 칼이다.

히4:12
하나님의 말씀은 살아 있고 활력이 있어 좌우에 날선 어떤 검보다 예리하여 혼과 영과 및 관절과 골수를 찔러 쪼개기까지 하며 또 마음의 생각과 뜻을 판단하나니

울산남교회 최규돈 목사님의 간증을 듣고 큰 은혜를 받았다. 최 목사님은 강원도 산골 마을에서 고아로 자랐다. 불우한 청소년 시절, 교회에서 전국성경암송대회가 열린다는 소식을 들었다. 1등은 서울에서 본선을 치른다는 말을 듣고 서울 구경을 너무도 하고 싶어서 무작정 성경을 읽고 외우기 시작했다. 동기는 서울 구경이었지만 소년의 가슴에는 지혜의 하나님의 말씀이 역사하기 시작했다. 말씀이 살아 역사하기 시작했고, 어린 최 목사님에게 지혜롭고 총명함이 더해졌다. 그 뒤로 남들보다 뛰어난 지혜가 생겨 젊은 나이에 행정 고시에 도전, 합격할 수 있었다. 하나님께서 지혜를 주시고 순탄케 하셔서 공무원이 된 이후에도 탄탄대로를 달렸다. 그러던 어느 날, 하나님께서 주의 종으로 부르셨고 신학교에 입학하게 되었다. 초등학교도, 중학교도 졸

업하지 못했기에 2년 동안 검정고시와 학사 과정을 모두 공부하여 총신대학원에 입학했고, 이후에 목사가 되었다. 성경 말씀이 최 목사님을 크게 쓰임받는 귀한 종으로 만든 것이다.

하나님은 말씀으로 우주 만물을 창조하셨다(창 1장). 아브람이 여호와의 말씀을 따라가고(창12:4) 순종하자 축복의 근원, 믿음의 조상이 되었다.

베드로는 밤이 새도록 물고기 한 마리 못 잡았다. 어부계의 베테랑이었던 그가 밤새도록 수고하고 애썼지만 아무런 결실도 없었던 것이다. 그런데 예수님의 말씀에 순종함으로써 그물이 찢어질 정도로 많은 물고기를 잡을 수 있었다. 말씀의 칼을 든 자는 강력한 성도가 되는 것이다. 승리하는 성도가 되는 것이다.

그렇다. 이제 성도들은 하나님의 영광을 위해 육적인 칼을 버려야 한다. 사도바울은 자신이 쌓아 올렸던 세상적인 스펙을 모두 버렸다. 도리어 배설물로 여겼다. 세상은 인간관계를 잘하는 사람을, 똑똑한 사람을, 학벌이 좋은 사람을, 돈이 많은 사람을, 지위가 높은 사람을 부러워하고 칭찬한다. 하지만 이 모든 육적인 칼을 버려야 그리스도인은 산다.

"역시 기도하는 사람은 다르군!"

"역시 하나님의 사람이야!"

"말씀에 순종하는 사람은 당할 재간이 없어!"

세상 사람들에게 이런 칭찬과 평가를 받는 그리스도인이 가장 영광스러운 삶인 것이다.

다윗의 손에는 칼이 없었다. 다윗의 승리가 값지고 위대할 수 있었던 이유는 바로 이것이었다. 오직 승리의 영광이 자기에게 있지 않고 하나님께로만 집중되는 인생, 그것이 우리가 꿈꾸고 나아가야 할 인생의 목적이다.

크리스천 패러독스

프렌치 패러독스라는 것이 있다. 육식 위주의 식사 습관을 갖고 치즈나 버터를 즐겨 먹는 프랑스 사람들의 심장 질환 발병률이 미국에 비해 두 배나 낮으며 비만률도 훨씬 낮다. 버터를 바른 크루아상과 치즈로 범벅이 된 요리들을 즐겨 먹으며, 고기 요리가 대부분인 프랑스의 식단. 그리고 화려한 칼로리의 폭탄 디저트 마무리. 그런데도 어찌 이런 현상이 일어날까? 그 이유는 바로 와인 때문이었다. 우리가 느끼한 음식을 먹을 때 꼭 김치를 먹는 것처럼 프랑스 사람들은 와인을 꼭 마신다. 온갖 기름기 있는 음식이 이 와인 한 잔으로 중화된다.

차이니즈 패러독스도 있다. 튀김과 기름진 돼지고기 요리를 좋아하는 중국인들도 심장병 발병률이 높아야 하는데 미국인에 비하면 매우 낮다. 왜 그럴까? 혈관을 깨끗하게 청소해 주는 양파를 음식에 곁들여 많은 양을 먹기 때문이라는 연구 결과가 나왔다. 심장병 확률을 높이는 음식을 엄청나게 많이 먹었지만 양파를 그만큼 함께 먹었더니 혈관 질환이 현저하게 줄어든 것이다.

크리스천 패러독스도 있다. 우리를 살게 하는 그 비밀은 바로 하나님의 은혜이며 우리의 회개이다. 은혜와 회개가 우리를 죄악의 멸망에서 살게 만든다.

겔18:30
주 여호와의 말씀이니라 이스라엘 족속아 내가 너희 각 사람이 행한 대로 심판할지라 너희는 돌이켜 회개하고 모든 죄에서 떠날지어다 그리한즉 그것이 너희에게 죄악의 걸림돌이 되지 아니하리라

용서받지 못할 만큼 큰 죄도, 덮어도 될 만큼 작은 죄도 없다. 죄는 그냥 하나님께 죄다. 단지 용서받은 죄와 용서받지 못한 죄가 있을 뿐이다. 그래서 폴 클로텔은 '세상에서 가장 무서운 죄는 죄의식을 잃어버린 죄'라고 말했다. 이 죄는 회개의 기회마저 박탈당하기 때문이다.

유다도 배신자고 베드로도 배신자였다. 그러나 인생의 결말은 너무나도 달랐다. 죄의 유무, 경중의 차이가 문제가 아니라 회개의 유무가 인생의 결말을 바꿔 놓는다. 사울과 다윗도 마찬가지다. 회개의 기회를 절대 놓치지 말아야 한다.

아담과 하와를 보라. 창세기 3장에 하나님께서 동산에 숨은 아담과 하와를 찾는다. 숨바꼭질을 못해서 찾으신 것인가? 아니다. 회개할 기회를 주시기 위해 하나님께서 찾으신 것이다. 그러나 아담은 하와에

게 죄를 전가했다. 하나님이 지어 주신 아내 때문이었다고 하나님 탓을 했다. 하와는 뱀에게 죄를 전가했다. 그 누구도 죄를 인정하고 회개하지 않았다. 그 결과 아담과 하와는 에덴동산에서 쫓겨났다.

인류 최초의 살인자 가인을 보라. 창세기 4장 9절에서 그는 "내가 알지 못하나이다. 내가 내 아우를 지키는 자니이까?"라고 말한다. 아우를 죽여 놓고 자신이 아우를 지키는 자냐고 되묻다니, 하나님께 책임을 전가하는 모습이다. 회개의 기회를 놓친 것이다.

사울왕도 회개의 기회를 내동댕이쳤다. 도리어 하나님께 더 좋은 것을 드리기 위해 아말렉 사람을 진멸하지 않았다고 말한다(삼상15:18).

아나니아와 삽비라도 마찬가지였다. 부부는 서로 잘못을 고칠 기회가 있었다. 하지만 묵인했다. 베드로 사도가 질문했을 때 바로잡을 기회가 있었다. 그러나 거짓말로 일관했다. 결국 그 결과는 멸망이었다(행5:7-10).

아합과 바로도 완악하고 강퍅한 마음을 버리지 못했다. 그 마음 자체가 바로 하나님의 징벌이다. 죄를 회개하지 않는 자에게는 기회가 없다.

대우중공업은 회생의 기회를 놓쳐 버리고 말았다. 불법적인 방법으로 해마다 엄청난 적자를 기록했지만 분식 회계로 건강한 흑자 기업인 것처럼 눈 가리고 아웅 했다. 결국 돌이킬 수 없는 지경을 만나 파산하게 되었다.

성경은 '율법이 들어온 것은 범죄를 더하게 하려 함이라 그러나 죄가 더한 곳에 은혜가 더욱 넘쳤나니'라고 롬 5장 20절에서 말씀하고 있다. 죄악이 넘치지만 회개할 은혜도 넘친다. 하나님께서는 기회를 동등하게 주시는 것이다. 하나님은 끊임없이 우리가 회개하고 돌아올 기회를 주신다.

눅5:32
내가 의인을 부르러 온 것이 아니요 죄인을 불러 회개시키러 왔노라

동성애자를 진정으로 사랑하는 방법은 무엇인가? 차별금지법을 만들어 그들의 권익을 최대한 보장하고 보호하고 편리를 제공하고 인정해 주는 것인가? 아니다. 진정으로 회개하고 하나님의 사랑으로 돌아오게 하는 것이 진정으로 영원히 멸망하지 않고 주님께 돌아오게 하는 사랑인 것이다.

화가 나도 화를 내진 말자

마귀의 수법은 틈을 이용하는 것이다. 거대한 암반과 암벽을 폭발시킬 때 그 파괴력은 미비하다. 바위 위에서 다이너마이트를 넣고 터뜨리면 큰 흔적 없이 다이너마이트만 터진다. 그러나 구멍을 뚫고 그곳에 다이너마이트를 넣고 터뜨리면 폭발력은 수천 배가 된다. 마귀

의 수법도 동일하다. 교회 공동체의 견고함을 부수기 위해 먼저 틈을 만들다. 그리고 그 틈을 이용해 부흥과 비전의 견고한 벽을 허물고 폭발시킨다.

2016년 총선에서 기독자유당이 아쉽게도 의회 진입에 실패했다. 두 개의 기독당이 분열되어 참여했기 때문이다. 교회의 건축과 부흥이 시작될 때 마귀는 방해공작을 시작한다. 가정의 축복과 영적 성장이 일어날 때 마귀는 방해공작을 벌인다. 마귀의 도구로 사용되는 어리석음을 범해서는 안 될 것이다. 마귀가 가장 잘 사용하는 것이 분노이다. 그래서 다음을 구분해야 할 것이다.

화가 나는 것과 화를 내는 것은 다르다

사람이라면 화가 날 수 있다. 당연한 일이다. 그러나 화를 내지 말아야 한다. 이것을 '참는다'고 한다. 화가 나는 것을 우리는 막을 수 없다. 본능이기에 내가 선택할 수 없는 사항이다. 그러나 화를 내는 것은 우리의 선택이다. 그 화를 어떻게 처리하고 반응하느냐에 따라서 우리 인생은, 미래는, 자녀들의 삶은 180도로 달라질 수 있다.

성경에는 화를 참지 못해 큰 것을 잃는 사람들이 있다. 분노를 조절하지 못해 인생을 망친 사람들은 성경에서도 쉽게 찾아볼 수 있다. 대표적인 인물이 가인이었다. 가인은 동생 아벨을 돌로 쳐 죽여서 인류 최초의 살인자가 되었다. 그는 하나님께 드리는 예배를 업신여겼다. 동생 아벨의 예배가 하나님께 열납되는 것을 보고 분노했다. 시기심과 질투가 낳은 분노였다. 이로 인해 가인은 영적 장자의 지위를 영원히 상실하였다.

야곱의 열두 아들 중 레위와 시므온은 여동생 디나가 세겜에게 강간을 당하자 남자들은 할례를 받아야 한다는 구실로 할례를 받고 고통 중에 있을 때에 세겜의 아버지 하몰과 그의 가족 전체를 몰살시켰다(창34:25~30). 레위와 시므온이 복수심에 눈이 멀어 분노를 참지 못했기 때문이다.

우리가 사는 현장에도 이러한 사람들을 많이 찾을 수 있다. 2008년 베이징 올림픽 77kg급 역도 금메달리스트 사재혁이란 선수가 있었다. 그는 후배 선수 폭행혐의로 사실상의 선수생활이 끝나고 말았다. 축구선수 이천수는 2006년 독일 월드컵 16진출이 좌절되었을 때 눈물을 흘린 모습이 각인되어 다시 스타로 급부상, 각종 CF와 구단에서 러브콜이 쇄도했었다. 그러나 K리그 경기 중 퇴장에 반발, 심판을 밀치고 코칭스태프를 폭행하고 관중에 욕까지 하며 사실상 퇴출되고 말았다. 어디 스포츠 스타뿐이겠는가? 가수들 중에도, 탤런트 중에도 화를 참지 못해 패가망신한 사람을 찾기는 너무도 쉬운 일이다.

반면 화를 잘 참아 축복을 받은 사람들이 있다. 다윗은 3천 명의 정예군대를 이끌고 자기를 죽이려고 쫓아오는 사울왕을 두 번이나 용서하고 살려준다. 생각 같아서는 죽여버릴 수도 있었겠지만 하나님의 기름 부으신 자를 자기 손으로 처단할 수 없다며 분노를 접었다. 그리하여 그는 이스라엘의 성군이 되었고 역사에 길이 남을 다윗시대를 열었다.

중국에는 한신이란 자가 과하지욕(袴下之辱)의 분노를 잘 참아냈다. 무명시절 동네 건달이 항상 칼을 차고 다니던 한신을 희롱하며 바짓

가랑이 사이를 기라고 했을 때, 꾹 참고 바짓가랑이 사이를 기어갔다는 데서 기인한 말이다. 한신은 훗날 다시 고향을 찾아 건달에게 이렇게 말했다. "그때 내가 너를 죽였었다면 평생 살인자로 도망을 다녀야 했을 것이다. 그래서 그때 참았다." 그러고는 그에게 작은 벼슬을 내렸다.

의외로 화를 잘 참아 축복을 받은 사람들을 예화로 찾기는 매우 힘들다. 그만큼 화를 참는 것이 매우 힘들다는 것을 잘 드러내는 반증이기도 하다. 그렇다면 화를 어떻게 대해야 하는가?

1. 화를 쌓아두지 말자

화를 품고 있으면 그 화가 독이 되어 자신도 죽고 남도 죽이게 된다. 미움과 원한을 품고 이를 갈며 절치부심 복수심으로 두고 보자 하지 말기를 바란다. 그렇게 하면 원수가 죽기 전에 내가 먼저 죽는다.

분노한 사람이 내쉬는 숨을 모아 쥐에게 주사를 했더니 쥐가 즉사했다. 분노한 사람의 몸에서 나쁜 독이 나오는 것이다. 화를 내면 우리 몸에 어떤 증상이 생길까?

첫째, 뇌에서 해로운 물질이 분비된다. 화를 낸다는 것은 독을 조금씩 먹는 것과 같다.

둘째, 노화가 촉진된다. 분노는 활성산소를 만든다. 활성산소를 만나면 세포는 노화된다.

셋째, 분노는 감정을 제어하기 힘들게 만들어 인생이 파괴된다. 살인사건은 대부분 욱하는 우발적인 사건이 많다.

넷째, 분노는 즐거움을 앗아간다. 철학자 알랭은 '항상 유쾌한 기분을 잃지 않는 것이 최고의 건강비결이며 최고의 인생을 즐기며 사는 비결이다'라고 말했다.

절치부심은 신앙적으로 인생을 걸고 보아도 결코 좋은 선택이 아니다. 지금 내가 품고 있는 것이 화라면 그 화를 풀어버려야 한다. 우리가 품어야 할 것은 희망과 꿈과 사랑이다. 분노와 혈기와 화가 아니다. 만질수록 점점 더 커지는 것은 종기와 분노(화)이다.

2. 적극적인 선함으로 악함을 이기자

더욱 선한 말, 긍정의 말, 희망의 말, 아멘을 외쳐야 내 악한 화를 이겨낼 수가 있다. 요즘에는 악한 말을 하는 것이 정치인들에게는 유행인 듯싶다. 필리핀 남부 민다나오 섬 다바오시의 시장 로드리고 두테르테는 분노와 징벌의 아이콘이 되었다. 그는 자신을 대통령으로 뽑아주면 범죄자 10만 명을 죽여 물고기 밥이 되도록 마닐라 앞바다에 버리겠다고 선언했다. 그리고 1년 뒤 시행되는 대통령 선거에서 당선되면 6개월 안에 범죄자들을 처형해 범죄를 뿌리 뽑겠다고 선언했다. 실제 무섭게 실행하고 있는 중이다. 마블의 캐릭터 퍼니셔 같은 분위기다. 그는 22년간 시장을 지내며 사병집단인 자경단을 자체 운영하며 재판을 거치지 않고 1,000명 이상의 범죄자를 즉결 처형하였다. 직접 세 명의 범죄자를 총살할 정도다. 분노의 시대에 민중의 분노가 그에게 표를 주며 대리만족하고 있는 것은 아닐까?

하지만 우리 그리스도인들은 더욱 센 저주와 악함, 분노와 혈기로 나갈 것이 아니라 그것을 상쇄시키고도 남을 만한 선한 일과 선한 행실로 분노의 시대를 이겨내야 한다.

> 하나님의 성령을 근심하게 하지 말라!
> 마귀는 우리가 새 사람이 되는 것을,
> 하나님의 자녀가 되는 것을,
> 성령의 사람이 되는 것을,
> 기도의 사람이 되는 것을,
> 믿음으로 긍정적인 사람이 되는 것을,
> 헌신하고 봉사하는 사람이 되는 것을,
> 원망과 불평을 버리고 새 사람이 되는 것을
> 결사적으로 막는다!

마귀는 우리가 옛 사람 그대로인 채 살아가기를 원하고 있다. 잠언에서는 분노에 관해 참고 인내하고 견뎌낼 것을 권면하고 있다. 잘 인내하여 승리를 이루자.

잠12:16
미련한 자는 당장 분노를 나타내거니와 슬기로운 자는 수욕을 참느니라

잠15:18

분을 쉽게 내는 자는 다툼을 일으켜도 노하기를 더디하는 자는 시비를 그치게 하느니라

잠 16:32

노하기를 더디하는 자는 용사보다 낫고 자기의 마음을 다스리는 자는 성을 빼앗는 자보다 나으니라

2

내 뜻이 하나님 뜻이라고
오해하는 순간들

내 뜻이 하나님 뜻이라고 오해하는 순간들

유혹을 형통이라 착각하지 마라

인생을 살면서 수많은 오해와 착각을 하고 산다. 만약 이 문제를 해결하지 않으면 그야말로 상처투성이 인생이 될 것이다. 수많은 오해와 착각이 해결되어지는 역사가 일어나기를 바란다. 사실 오해하고 착각하면 관계가 틀어진다. 하나님과의 관계도 마찬가지다. 그러니 하나님과의 오해, 하나님을 잘 모르는 데서 오는 심각한 착각이 있다면 이 시간 풀어지고 해결되어지는 시간이 되기를 간절히 바란다.

요나는 큰 성읍이었던 니느웨로 보내심을 받은 선지자였다. 그의 사명은 하나님의 심판이 니느웨에 임하였음을 선포하고 회개하도록 하는 게 주 임무였다. 그러나 니느웨는 가기를 싫어했다. 왜냐하면 니느웨는 이스라엘의 철천지원수였기 때문이다. 비록 선지자라 할지라도 동족의 피가 흐르고 있었던 것이다.

> 받아들이기 어려운 게 하나님의 명령이다.
> 거부하고 싶은 것, 그것이 하나님의 명령이다.

여러분은 내가 하고 싶은 것만 하고 사는가? 내가 가지고 싶은 것은 언제든지 가질 수 있는가? 이러기는 정말 쉽지 않다. 사실 나는 굉장히 정적인 사람이다. 그래서 변화와 모험을 싫어한다. 사람 만나서 수다 떠는 것도 싫어한다. 심방 목회보다는 골방에서 기도하고 말씀 보고 설교 준비하는 것을 더 좋아한다. 돌아다니는 것도 싫어한다. 그런데 하나님께서 심방 목회를 하게 하시고 전국을 방방곡곡 돌아다니게 하신다. 심지어 부흥사라고 불리는 것도 싫다. 그런데 사람들이 부흥사라고 부른다. 가만 보면 내가 하기 싫은 일만을 하고 있다. 하지만 그것이 축복임을 알게 되었다. 내 야망과 욕심을 사명이라 포장하고 있지는 않는가?

존 비비어의 〈순종〉에 보면 사울의 아말렉과의 전쟁 이야기가 나온다. 아말렉과의 전쟁은 예언의 성취이며, 하나님의 심판의 전쟁이었다. 그래서 전리품을 취할 수 없었다. 사울은 순종하여 전쟁을 벌였다. 대승을 거두었다. 그런데 사울은 모든 것을 다 멸하라 하신 말씀을 거부했다. 좋은 것들은 취해 챙겼다. 사울은 사무엘을 만나자 쾌재를 부른다. 승리를 자축하며 칭찬이라도 해 줄 것을 기대하며 사무엘을 맞이한다. 그러나 사무엘은 "순종이 제사보다 낫고 듣는 것이 수양의 기름보다 낫습니다." 하며 도리어 사울왕을 책망하고 왕위에서 버렸음을 선포한다.

오늘날도 많은 사람들이 사울처럼 행한다. 전쟁에 참여하며 전쟁에서 땀을 흘리고 피를 흘린다. 열심히 일한다. 누구보다도 헌신의 선봉장이 된다. 그런데 1%의 불순종이 섞여 있다. 그래서 존 비비어는 말한다.

"99%의 순종은 순종이 아니다."

만약 오늘도 하나님께서 이 모양으로 일하라 하시면, 그렇게 일하면 된다.

하지만 그것이 아니지 않은가. 100% 순종을 원하시는 분이 하나님이시다. 욕심과 탐욕을 비전이라 착각하지 말고, 내가 하고 내가 주도하고 있는 일이 하나님의 일이라 착각하지 말고 하나님이 그렇게도 원하시고 나는 그렇게도 싫어하는 니느웨의 자리로 가야 한다.

나는 다섯 번의 성전 건축을 하면서 스스로 의문을 품었다. 이번 성전 건축은 6개월이면 끝나야 할 일이 1년으로 길어졌다. 너무나 계획한 대로 안 되고 꼬리에 꼬리를 물며 문제가 계속해서 발생했다. 이런 일이 계속 반복되니 그동안의 확신이 불신으로 바뀔 위기에 처한 것이다.

"하나님, 정말 성전 건축을 하기를 원하셨나요?"

처음에는 하나님의 명령의 확신이 있기에 시작했건만 계속 길이 막히자 별별 생각이 다 들었다. 그런데 마침 그 타이밍에 어느 큰 교회에서 후임으로 오라고 연락이 왔다.

'하나님께서 다른 길을 열어 주셨나? 분명 성전을 건축하라고 하셨는데?'

이렇게 더 형통한 샛길이 열린다고 덜컥 물었다가는 큰 화를 당할 수 있다. 후임 청빙을 거부했다. 마귀는 뭔가 하나님께 집중해서 순종하고 있을 때에 그럴싸한 길을 보여 준다. 힘들고 어려울 때 쉬워 보이고, 형통해 보이는 길을 열어 준다. 유혹을 형통이라고 착각해서는 안 된다. 활짝 열렸다고 다 좋은 것이 아니다. 술술 풀린다고 축복을 받은 것이 아니다. 순종은 항상 가시 같다. 넘기고 먹기가 대단히 힘들다.

영국으로 유학을 갔을 때 많은 사람들에게 인정받았다. 사람들이 아무도 내가 목사의 아들인 줄 몰랐다. 자유롭게 다녔다. 술술 잘 풀렸다. 잡다한 일은 마다하지 않고 다녔다. 26명을 교회에 등록시키기도 했다. 자기가 하고 싶은 신앙생활, 자기기 좋아서 헌신하면서 참으로 행복하게 살았다. 인생도 잘 풀렸다. 일본 유학길에서도 형통의 복이 찾아온 듯 보였다. 굴지의 대기업에서 서로 데려가려고 스카우트 제의가 들어왔다. 그런데 운명의 순간이 다가왔다. 사인하고 돌아온 날 밤, 그 자리에서 쓰러져 생사를 오가는 대수술을 받았다. 비전이라 착각했던 내 소망이 나의 야망이었음을 비로소 깨닫게 되었다.

유혹을 형통이라 착각하지 말라. 잘되고 잘 풀리고 축복이라 생각하는 것이 도리어 축복이 아닌 저주임을 기억해야 한다. 해외에 나가 있는 어느 큰 교회 부목사님이 선교사라며 후원하라고 요청을 한다. 해외에 나가 있으면 다 선교사인가? 그들은 왜 영어권에만 몰려 있는가? 자녀 교육을 위해 해외에 나가 있는 것은 아닌가? 교회에서 주는 사례비와 교육비를 다 받으면서도 1년에 꼭 한두 번 우리나라에 와서 선교사라고 하면서 선교비를 받아 간다. 정말 좋은 선교사님들도 많이 계시지만, 안타깝게도 자신이 하고 싶은 것을 하면서 마귀가 주는 달콤한 형통함 중에 범죄하며 하나님을 대적하며 사는 것은 아닌지 살펴보아야 한다.

사기꾼은 처음에는 신용을 철저하게 지킨다.

"자기야, 이번 주에 300만 원이 급히 필요한데, 내가 이달 말에 돈이 들어오면 30만 원 이자 쳐 줄 테니 3주만 빌려줘."

정말 한 달이 되니 이자까지 330만 원을 갚는다.

"자기야, 자기야, 이번이 마지막 부탁이야. 1,000만 원만 한 달 빌려주면 이자로 100만 원을 줄게. 사업 자금 회전이 이번만 막혀서 그래. 이달 말에 곧 5,000만 원 결제 대금이 들어와! 금방 갚을게."

평소 친하게 지내고, 지난번에 30만 원을 번 경험이 있기에 흔쾌히 이번에도 1,000만 원을 빌려준다. 과연 한 달 만에 100만 원을 벌었다. 사기꾼들은 한두 번은 꼭 이자를 주고 신용의 확신을 준다. 사건은 이번부터다. 사기꾼은 마지막 미끼를 던진다.

"이번에 정말 큰 건이 들어왔어. 5,000만 원만 한 달 동안 빌려주면 500만 원을 이자로 줄게. 부탁해."

두 번이나 받았기에 세 번째도 믿고 5,000만 원을 건넨 순간 더 이상 그를 볼 수 없게 된다. 마귀가 즐겨 쓰는 방식이다. 한 구좌 두 구좌 넣어 떼돈을 벌 수 있다는 사기를 당한 분들이 많다. 마귀들은 한두 번은 잘되게 해 준다. 그러나 결국은 죽이고 멸망시키는 일로 이끈다.

일전에 우리 교회에 이런 사람이 있었다. 자기는 하나님의 음성을 직접 듣는다고 말했다. 정말 처음엔 맞는 듯했다. 마귀가 하나님의 음성을 가장해서 사기를 치기 위해 처음에는 맞게 들려주는 것이다. 하지만 마귀에게 완전히 사로잡힌 뒤에는 마음대로 한다. 분별력을 잃게 되어 영적 교만의 꼭대기에 올라 살게 된다. 목사도 발아래 두려고 한다. 그래서 권면했다.

"들린다고 다 믿으시면 안 됩니다. 말씀을 듣고 신앙의 지도를 받으셔야 합니다."

하지만 듣지 않았다. 교회를 떠나 사방팔방을 다니며 교회와 목사를 비방했다.

한 선교사가 밀림의 길을 잘못 들어 식인종 마을에 들어가게 되었다. 갑자기 떼로 몰려든 식인종들이 그를 둘러쌌다. 그러자 선교사는 기도했다.

"하나님, 어떻게 해야 하나요? 살려 주세요."

그때 하늘에서 음성이 들려왔다.

"넌 아직 죽지 않았다."

"하나님, 이제 살려 주세요!"

"네 발에 보면 돌멩이가 있을 것이다."

"네, 보입니다."

"이제 들어서 추장에게 세게 던져라!"

용기를 내어 돌을 들어 추장에게 던졌다. 돌에 머리를 맞은 추장은 즉사했다. 식인종들은 당황하면서도 어찌할 줄 모르며 이 선교사를 노려보았다. 그러자 하늘에서 소리가 들려왔다.

"이제 넌 죽었다."

직통 계시만 믿다가는 죽는 일만 남는다. 그때 미래가 보인다며, 투시 은사가 있다고 호언장담하던 그 사람은 가정이 깨어지고 정신병원을 오가는 황폐한 인생이 되고 말았다. 성전 건축할 때에는 이 사람이 어떻게 알았는지 귀신같이 알고 전화를 걸어 욕설을 한다. 그럴 때면 생각한다.

'아, 이번 성전 건축을 마귀가 싫어하는 것을 보니 확실히 하나님의 뜻이구나!'

내가 하나님을 위해 하는 일이 아니라 나를 통해 그분의 일을 하는 것이 하나님 일이다. 이를 위해서는 많은 용기와 결단이 필요하다. 절친인 목사님이 들려준 이야기가 아직도 기억에 남는다.

"일은 거의 하지도 않는데 넘치도록 월급을 받는 것은 축복이 아니라 저주입니다."

어느 청문회 후보자는 자신이 매달 3,000만 원씩 월급을 받는지도 몰랐다가 청문회 때에 알게 되어 자신도 깜짝 놀랐다는 말을 하기도 했다.

간디의 추모공원에 기록된 7가지 악덕(惡德) 중에 이런 말이 기록되어 있다.

'노동 없는 부(富)'

안산 반월에 있는 건건중앙교회 김진명 목사는 젊은 날 개척하여 놀라운 부흥을 경험했다. 성도도, 재정도, 건축도 모두 잘하여 참으로 모범적인 교회로 성장했다. 사례비도, 자녀 교육비도, 사택 관리비도 넉넉하게 받았다. 그러다 아이들이 대학교를 다닐 무렵, 50세 되던 해에 교회를 후배에게 물려주고 나와 2004년 다시 생 개척을 하였다. 기득권을 포기한 것이다. 애굽의 달콤한 마늘과 고기를 마다하고 광야로 나온 것이었다. 그러나 20여 년 전과는 상황이 매우 달랐다. 부흥은커녕 개미 새끼 한 마리도 교회 앞을 지나가지 않았다. 평안하게 목회할 때와는 달리 물질적인 고통과 교인 없는 고통, 자녀 교육비가 없는 고통, 집이 없는 고통, 해마다 쫓겨나 이사하는 고통을 감당해야만 했다. 그래도 주님만 붙들었다.

"상황은 가짜고 말씀만이 진짜다! 하나님은 반드시 축복해 주신다!"

그러나 상황은 당장 나아지지 않았다. 설상가상으로 김진명 목사는 중풍으로 세 번이나 쓰러져 사경을 헤맸다. 박은자 사모는 그 와중에도 날마다 전도했다. 직장 생활을 하듯 전도에 취직하자는 마음으로 온 동네를 돌아다니며 전도했다. 하나님께서는 목사님이 말씀을 전하실 수 있게 기적적으로 회복시켜 주셨고 물질도 성도도 지금의 건건중앙교회로 몰아 주시기 시작했다. 오늘도 건건중앙교회에는 365일 전도팀이 매일 전도하고 있고, 성도들도 매일 전도에 힘쓰고 있다. 매일 전도는 쉽지 않은 일이다. 하고 싶을 때만 하는 것도, 기분이 좋을 때만 헌신하는 것도, 시간이 될 때만 헌신하는 것이 아니다. 눈이 오나 비가 오나, 기분이 나빠도, 슬픈 일이 있어도, 상황과 처지에 관계없이 매일 하는 것이다.

형통한다고 안주하는 것이 아니라 다시 또 하나님께 헌신할 수 있다는 것이 얼마나 큰 은혜인 줄 깨닫는 축복이 함께하시기를 간절히 축원한다.

KO승이 아니라 판정승이다

인생을 살다 보면 늘 멋진 삶만 사는 것이 아니다. 항상 잘되는 것만도 아니다. 손만 대면 마이더스의 손처럼 척척 이루어지는 삶도 아니다. 힘겹지만 간신히 이기는 삶도 있는 것이다. 그래서 우리는 늘 겸손히 나아가야 한다. 그렇다면 어떻게 하면 인생을 승리로 살 수 있을 것인가?

먼저, 끝까지 견디며 구질구질 너덜너덜해도 인내해야 한다.

신앙은 화끈하고 멋진 KO승이 아니라, 끝까지 견디고 이겨 승리하는 판정승이다. 판정승은 마지막까지 가야 결과가 나온다. 우리는 쌈박하고 화끈한 결과를 원하지만 하나님께서 끝날까지 견디고 버티라고 말씀하신다. 이것이 그리스도인의 승리이다. 때로는 너덜너덜하고 구질구질하게 보여도 끝까지 이기는 게 바로 승리이다.

신앙생활은 100미터 단거리 경주가 아니라 장거리 마라톤 경주다. 죽을 것 같아도 끝까지 멈추지 말고 뛰어야 하는 장거리 경주다. 마라톤을 하다 보면 데스 포인트(Death Point)가 온다고 한다. 강물 위 다리를 달릴 때에 데스 포인트가 오면 뛰어내리고 싶은 충동을 느낀다. 하지만 그 고통의 순간을 넘어가면 완주할 수 있는 힘이 생긴다. 중간에 쥐가 나도 바늘로 찔러 가며 피를 흘리며 달린다. 멈추는 순간 마라톤은 더 이상 뛸 수 없게 된다. 물을 마실 때도 선수들은 멈추지 않는다. 달리면서 물을 마신다. 멈추는 순간 근육이 굳어 버린다. 그래서 달리고 또 달리는 것이다. 우리는 때때로 신앙의 경주를 쉬고 싶을 때가 있다. 조금 멈추었으면 좋겠다는 생각이 들 때가 있다. 진짜 선수를 사랑하는 코치는 결코 달리기를 멈추라고 하지 않는다. 아버지께서 늘 해 주시는 말씀이 있다. "안 목사, 목회는 달리는 말이 아니라 느릿느릿 걷는 소걸음이라네!"

딤후4:6-8

전제와 같이 내가 벌써 부어지고 나의 떠날 시각이 가까웠도다
나는 선한 싸움을 싸우고 나의 달려갈 길을 마치고 믿음을 지켰으니
이제 후로는 나를 위하여 의의 면류관이 예비되었으므로 주 곧 의로우신 재판장이 그날에 내게 주실 것이며 내게만 아니라 주의 나타나심을 사모하는 모든 자에게도니라

사도바울은 전제와 같이 부어지기를 소망하며 자신의 마지막을 하나님께 온전히 드림으로 마치고 있다. 마지막까지 믿음을 지키고 하나님께서 의로우신 재판을 해 주실 것을 기대하고 있다. 그의 사역은 놀라운 역사의 연속이었다. 사도바울은 마지막까지 달리기를 멈추지 않았다. 우리가 최선을 다했다고 이제 이만하면 됐다고 멈춰서는 안 된다. 끝까지 신앙의 경주를 달려가야 한다. 인생은 리허설이 없다. 오늘 주저앉으면 안 된다. 멈추면 안 된다. 사도바울은 푯대를 향해 달리고 있다. 마라톤처럼 잠시라도 멈추지 않았다. 오직 목표를 향하여 달려간 것이다. 사도바울의 기록을 보면, 한마디로 너덜너덜해진 그의 삶을 여과 없이 고백하고 있다.

고후11:22-30

그들이 히브리인이냐 나도 그러하며 그들이 이스라엘인이냐 나도 그러하며 그들이 아브라함의 후손이냐 나도 그러하며 그들이 그리스도의 일꾼이냐 정신없는 말을 하거니와 나는 더욱 그러하도다 내가 수고를 넘치도록 하고 옥에 갇히기도 더 많이 하고 매도 수없이 맞고 여러 번 죽을 뻔하였으니 유대인들에게 사십에서 하나 감한 매를 다섯 번 맞았으며

세 번 태장으로 맞고 한 번 돌로 맞고 세 번 파선하고 일 주야를 깊은 바다에서 지냈으며

여러 번 여행하면서 강의 위험과 강도의 위험과 동족의 위험과 이방인의 위험과 시내의 위험과 광야의 위험과 바다의 위험과

거짓 형제 중의 위험을 당하고

또 수고하며 애쓰고 여러 번 자지 못하고 주리며 목마르고 여러 번 굶고 춥고 헐벗었노라

이 외의 일은 고사하고 아직도 날마다 내 속에 눌리는 일이 있으니 곧 모든 교회를 위하여 염려하는 것이라 누가 약하면 내가 약하지 아니하며 누가 실족하게 되면 내가 애타지 아니하더냐 내가 부득불 자랑할진대 내가 약한 것을 자랑하리라

사도바울만큼 고난받은 인생은 아마도 없을 것이다. 우리도 바울처럼 견뎌야 한다. 견디는 자는 반드시 승리할 날이 올 것이다.

마24:12-14

불법이 성하므로 많은 사람의 사랑이 식어지리라 그러나 끝까지 견디는 자는 구원을 얻으리라

이 천국 복음이 모든 민족에게 증언되기 위하여 온 세상에 전파되리니 그제야 끝이 오리라

이 말씀에서도 예수님께서는 끝까지 견디는 자가 구원을 얻는다고 말씀하고 있다. 최종 승리를 거두는 자가 모든 것을 차지하게 되는 것이다. 그래서 인내의 믿음을 경주해야 한다.

두 번째는, 하나님께 승리를 인정받아야 한다.

재판장이 누구인가? 심판자가 누구인가? 사람이 아닌 하나님이심을 믿고 기억하고 있는가? 사람의 평가를 중요하게 생각하지 마라. 좋은 비유는 아니지만 소치 올림픽에서 김연아가 은메달을 따고 러시아의 소트니코바가 금메달을 땄다. 아무리 억울해도 아무리 분해도 심판이 매긴 점수가 금메달을 만드는 것이다. 심판의 결정이 모든 것을 좌우하는 것이다. 내가 아무리 초라한 인생을 산 것처럼 보이고 세상은 화려하게 산 것이라고 느꼈어도 하나님께서 "너의 인생이 진짜 금메달이다!" 말씀하시면 그렇게 되는 것이다. 심판이 내 편이 되면 경기는 끝나는 것이다. 세상 심판들은 엉터리일지 몰라도, 하나님의 심판은 정의롭고 공의롭고 진리이심을 믿고 우리는 끝까지 달리기를 멈추지 말아야 할 것이다.

　다윗도 마찬가지다. 우리의 승리를 주관하시는 분이 누구신가? 칼과 단창이 아니다. 만군의 여호와의 이름이 승리의 보장이다.

삼상17:45
다윗이 블레셋 사람에게 이르되 너는 칼과 단창으로 내게 나아오거니와 나는 만군의 여호와의 이름 곧 네가 모욕하는 이스라엘 군대의 하나님의 이름으로 네게 나아가노라

　우리의 전쟁을 주관하고 승리의 최종 판정을 하시는 분이 바로 하나님이심을 알아야 한다.

습3:17

너의 하나님 여호와가 너의 가운데에 계시니 그는 구원을 베푸실 전능자이시라 그가 너로 말미암아 기쁨을 이기지 못하시며 너를 잠잠히 사랑하시며 너로 말미암아 즐거이 부르며 기뻐하시리라 하리라

스바냐 선지자는 하나님께서 우리로 인하여 기쁨을 이기지 못할 정도로 사랑하시고 즐거이 기뻐하신다고 말씀한다. 또한 '내가 그때에 너희를 이끌고 그때에 너희를 모을지라 내가 너희 목전에서 너희의 사로잡힘을 돌이킬 때에 너희에게 천하 만민 가운데서 명성과 칭찬을 얻게 하리라 나 여호와의 말이니라(습3:20)' 하나님은 우리에게 명성과 칭찬을 얻게 하신다. 하나님께서 함께하시니 그 누가 우리를 대적하고, 그 누가 우리를 이기겠는가!

세 번째로, 내가 결판을 내려고 하지 말아야 한다.
하나님의 방법으로 하나님이 일하시게 하는 인생이 진정한 승리의 삶이다.
의정부의 모 교회에서 교회에 분란이 일어나 풍비박산 일보 직전까지 갔다. 이때 담임목사가 나서서 극적인 수습을 하고 문제가 해결되는 줄 알았으나 또 다른 성도가 담임목사를 비방하는 말을 지어내서 퍼뜨리기 시작했다. 보다 못한 남자 권사 세 명이 담임목사를 찾아와 이렇게 말했다.

"목사님, 저희가 가만두지 않겠습니다. 그놈을 잡아 때려서라도 입을 막아야겠습니다. 세상에 이런 경우가 어디 있습니까?"

"안 됩니다. 성도가 폭력을 사용하면 안 됩니다. 참으셔야 합니다."

그렇게 끝까지 말렸다. 참고 기다렸다. 하나님께서 해결하시도록 이 문제를 모두 맡겼다. 그렇게 고통의 시간이 흘렀다. 어느 날 아침, 그토록 담임목사를 훼방하던 사람이 갑자기 세상을 떠났다.

로마서 12장 19절에 '내 사랑하는 자들아 너희가 친히 원수를 갚지 말고 하나님의 진노하심에 맡기라 기록되었으되 원수 갚는 것이 내게 있으니 내가 갚으리라고 주께서 말씀하시니라' 하신 말씀처럼 원수는 하나님께서 친히 갚아 주신다. 우리가 하면 하나님의 주권을 침해하는 것이다. 내가 끝장내고 시시비비를 가리고 내가 해결하려 할 때 오히려 잠시 잠깐은 시원한 듯하나 후유증이 매우 심하게 된다. 법률에서도 스스로 법을 집행하는 자력구제를 원천적으로 금하고 있다. 하물며 세상 법도 이럴진대 하나님의 법은 더욱 그리해야 하지 않겠는가?

김익두 목사는 회심하기 전에 유명한 깡패였다. 아무 가게나 들어가서 때려 부수고 술도 공짜로 얻어먹고 물건도 공짜로 빼앗았다. 싸움도 당할 자가 없을 정도로 대단했다. 아무도 건드리지 못했다. 무섭고 두려워 벌벌 떨었다. 그러나 예수를 만나 180도 변화되어 예수를 전하는 목사가 되었다. 하루는 전도를 하는데 술에 잔뜩 취한 청년 하나가 김익두 목사에게 욕설하며 조롱하기 시작했다.

"야, 네가 그 유명했다는 김익두 깡패냐? 난 또 네가 엄청나게 무섭고 덩치도 큰 줄 알았는데 별거 아니구먼!"

이 청년이 김익두 목사의 뺨을 후려갈겼다. 파르르 주먹을 쥐었다가 펴면서 김익두 목사가 한국 교회사의 한 획을 긋는 유명한 말을 남겼다.

"야, 오늘 예수가 너를 살렸다!"

예전 깡패 시절이었다면 그 청년은 뼈도 못 추리고 깡패 김익두에게 맞아 죽었을 것이다. 하지만 예수 믿고 나서 성령이 충만했던 김익두 목사는 변화되어 사람의 생명을 살리는 목사가 되었다.

아브라함도 빨리 하나님의 약속을 이루기를 원했다. KO승으로 화끈하게 이기기를 원했다. 백 세 넘어 하나님께서 이삭을 주실 줄은 기대도 못 했다. 그래서 그가 생각해 낸 편법이 젊은 사라의 몸종 하갈을 통해 아들을 얻는 방법이었다. 결국 그렇게 해서 낳은 이스마엘은 두고두고 이스라엘 자손들에게 원수가 되고 가시가 되고 말았다. 잔머리를 쓰면 후유증이 어마 어마하게 된다.

아브라함의 손자이자 이삭의 아들 야곱도 잔머리의 대장이었다. 형에서도 원수로 만들더니 외삼촌 라반도 원수로, 심지어 미적미적 우상을 버리지 않고 온갖 잔꾀를 부리다가 하나뿐인 딸 디나가 강간을 당하자 오빠 시므온과 레위는 세겜 족속에게 할례를 받도록 속여 다쳐 죽였다. 이젠 주변 족속들 전체를 원수를 만들었다. 머리를 쓰거나 미적미적하다가는 고된 인생만 찾아온다.

모세도 유대 민족을 위한다고 애굽인을 돌로 쳐서 죽였다. 칭찬해 줄 줄 알았더니 도리어 궁에서 쫓겨나게 되었다. 시내 산에서 십계명을 받아 내려왔건만 백성들이 금송아지를 만들어 섬기자 화가 나서 두 돌판을 던져 깨뜨렸다. 하나님께서는 여러 번 모세의 혈기를 용서해 주셨지만 결국 가나안 땅 문턱에서 들어가지 못했다.

강대상 올라오는 길목에 나만 볼 수 있게 크게 그림을 걸어 놨다. 사자가 하늘을 바라보고 있는 그림이다. 그리고 이런 글귀를 써 놓았다.

'하나님의 편에 서라!'

강대상 밑 마루를 뜯으면 똑같은 글씨를 써 놓았다. 주의 사자는 하나님의 편에 반드시 서야 한다는 뜻을 강단에 오를 때마다 되새기기 위해 걸어 놓은 것이다.

하나님 편에 서라.
하나님 편에만 서면 세상이 더 이상 두렵지 않다.
하나님만 두려워하면 사람이 두렵지 않다.
그러나 우리가 세상을, 사람을 두려워하면 하나님이 두렵지 않게 된다.

멀리서 찾아온 전도사가 있었다. 그에게 무슨 충고를 줄까, 상담하기 위해 찾아왔는데 보여 줄 것이 이것뿐이었다. 목회적 소명도 없이 월급 받으며 삯꾼 목회를 하고 있는 모습을 보고 소스라치게 놀랐다. 사역을 당장 그만두고 믿음을 회복하고 다시 사역을 준비하라고 권면했다. 한세대 채플에서 말씀을 전할 때에도 똑같은 말을 했다.

"하나님 편에 서라! 하나님의 편에 선다면 목회의 어떤 어려움도 두렵지 않다. 하지만 사람의 편에 서게 되는 순간, 목회가 두려워지고,

하나님을 우습게 여기게 된다!"

결정은 하나님께서 내도록 하는 것이다. 외국 사람들이 우리나라에서 말을 배울 때 가장 어려워하는 게 높임말이다. 직장에서 사장에게 외국인 부하 직원이 식사를 함께 가자고 할 때 이렇게 말한다.

"사장님, 식사하러 갑시다."

그러면 안 된다. 이렇게 말해야 한다.

"사장님, 식사하러 가시는 게 어떠세요?"

서양에서는 아무 문제가 안 되지만 우리나라에서는 문제가 된다. 차이가 뭔가? 선택권을 윗사람에게 주는 것이다. 그게 윗사람을 높이는 높임말이다. 최후 승리는 하나님께서 주시는 것이다. 심판자가 하나님이시기 때문이다.

요셉은 수많은 억울함 속에서도 하나님의 최종 인도하심과 심판을 기다렸다. 하나님께서는 최종 승리를 주셨다. 예수님께서는 우리에게 최종 승리를 약속하셨다.

요16:33

이것을 너희에게 이르는 것은 너희로 내 안에서 평안을 누리게 하려 함이라 세상에서는 너희가 환난을 당하나 담대하라 내가 세상을 이기었노라

최종 승리는 하나님 편에 설 때 하나님께서 이기시는 것이다. 전쟁에서 승리하는 비결이 무엇인가? 승리하는 부대의 장군에 속해 있는

것이다. 하나님께서 우리 편에 서기를 기도하는 것이 아니라 우리가 날마다 하나님의 편에 서기를 기도해야 한다.

기도 없는 행동은 위험하다

살면서 절대로 기도를 앞서지 말자. 반드시 행동에 앞서 기도하는 습관을 가져라. 왜냐하면 그것이 승리의 비결이기 때문이다. 기도는 우리의 최우선 방법이 되어야지 최후의 방법이 되어서는 안 된다. 우선순위를 뒤바꾸지 말자.

이제 기도밖에 안 남았다고 푸념하기 전에 기도하고 살아가는 신앙의 삶을 배워야 한다. 존 블랜차드는 기도에 관해 유명한 말을 남겼다.

"기도는 성도의 특권이자 동시에 의무이며, 하나님의 선물인 동시에 사명이다!"

여호사밧의 신앙을 살펴보라. 그는 먼저 여호와의 말씀이 어떠한지 물어보라고 이스라엘의 왕에게 권면한다. 아람과의 전쟁에 참여함에 대세나 지형의 유불리가 아니라 하나님의 뜻을 구하기를 먼저 청했다. 여호사밧은 엘리사를 통해 하나님의 뜻을 물었다(왕하3:11-12). 모압과의 전쟁에 참여할 때에도 하나님의 뜻을 묻기를 청했다. 얼마나 좋은 자세인가!

다윗의 신앙을 살펴보아도 그렇다. 다윗은 사무엘상 23장에서 어린

아이처럼 묻고 또 묻는 기도의 삶을 살았다. 23장 2절에 '다윗이 여호와께 묻자와 이르되', 4절에 '다윗이 여호와께 다시 묻자온대', 10절에 '다윗이 이르되 이스라엘 하나님 여호와여', 11절 '이스라엘의 하나님 여호와여 원하건대 주의 종에게 일러 주옵소서', 12절 '다윗이 이르되 그일라 사람들이 나와 내 사람들을 사울의 손에 넘기겠나이까 하니 여호와께서 이르시되 그들이 너를 넘기리라 하신지라' 등에서 이런 모습을 확인할 수 있다. 여러분은 문제가 생길 때 누구에게 물어보는가?

어느 교회 목사님은 이런 말을 한다.

"목사님, 이제 기도만 남았습니다."

결연한 의지, 비장미까지 보인다. 하지만 안타깝다. 최후의 보루로 기도할 것이 아니다. 순서를 바꿔야 한다. 기도가 먼저다. 마지막이 아니다. 왜 이것저것 다 하다가 안 되니까 기도를 마지막에 하는가? 기도를 먼저 했다면 문제 해결이 훨씬 빨랐을 것 아닌가.

모세는 기도의 사람이었다. 마치 친구와 이야기를 나누듯 하나님과 대화하며 살았다.

출33:11

사람이 자기의 친구와 이야기함과 같이 여호와께서는 모세와 대면하여 말씀하시며 모세는 진으로 돌아오나 눈의 아들 젊은 수종자 여호수아는 회막을 떠나지 아니하리라

한밭제일교회 이영환 목사님은 모든 상담의 답은 기도라고 말씀하

셨다. 그분은 얼마나 기도했을까? 새벽 2~3시부터 나와서 오전 10시까지 기도하면 모든 것이 다 풀렸다고 간증하고 있다.

모든 문제는 다양하지만 답은 하나다. 기도하는 것이다. 이승엽은 노력은 절대 배반하지 않는다고 말했지만 나는 이렇게 말한다. 기도는 절대 배반하지 않는다.

좋은 방법도 좋은 시스템도 좋은 프로그램도 좋다. 좋은 조직도 좋은 회의도 좋지만, 절대로 기도를 앞서가지 마라. 출애굽 당시 이스라엘 백성들은 절대로 낮에는 구름기둥, 밤에는 불기둥을 앞서가지 않았다.

삶이 기도를 앞서면 신앙의 삶, 영적인 삶은 죽는다. 무조건 옳아도 기도하고 그 길을 가라.

기도는 'A와 B 사이의 선택이 아리송하고 애매할 때 좋은 것을 고르기 위해 하는 것'이라 고 오해하는 사람들이 많다. 그것이 아니다. 확실히 답이 A일지라도 기도해야 한다. 세상 사람들은 '모로 가도 서울만 가면 된다'고 말하지만, 우리는 절대로 아무 길이나 가서는 안 된다. 철저하게 주님의 길을 따라서 가야 한다.

다윗은 시글락에서 아내와 자식, 재산을 모두 빼앗겼을 때 이를 되찾기 위해 추격하면서 역시 기도하며 쫓아갔다.

삼상30:8
다윗이 여호와께 묻자와 이르되 내가 이 군대를 추격하면 따라잡겠나이까 분명 선택의 여지가 없었다. 하지만 분명한 A라는 선택을 놓고 그 길을 또 물으며 기도로 쫓아갔다. 위대한 여인 에스더도 결단을 잘했다. 어떻게 해야 할지 선택했다. 하지만 다시 그녀는 금식하며 기도했다.

이번에 다시 성전을 건축하면서 기도할 것을 선언했다. 건축 완공을 위한 릴레이 금식 기도를 시작하였다. 기도는 성도의 특권이며 의무이다. 기도하고 완공된 성전은 하나님이 원하시는 바이다. 그것이 기도의 정석이다. 세상은 결과가 같으면 괜찮다고 말하지만 신앙은 과정도 결과도 같아야 한다. 그것이 바로 기도이다. 기도로 시작하고, 기도의 과정을 통해 기도의 완공을 보아야 한다.

두 번째로, 기도 없는 행동도 위험하지만 행동 없는 기도는 더 위험하다. 기도만 하고 행동하지 않는 삶은 더 위험한 신앙이다. 행동 없는 기도의 위험함! 이 시대의 가장 큰 영적 약점이 바로 행동 없는 기도이다. 절박함으로 나아가면 하나님은 그곳에 능력을 주신다.

전도하기 위해 열심히 기도하는 성도들이 있다. 하지만 절대로 전도하러 현장에 나가지 않는다. 사람들을 만나지도 않는다.

이런 경우도 있다. 요즘엔 노처녀라고 하면 화를 낸다. 골드 미스라고 해야 한단다. 골드 미스든 노처녀든, 3년간 계속해 온 한 기도 모임이 있었다. 하지만 아직 아무도 결혼하지 못했다. 기도를 했으면 이제 선을 보러 남자들이 있는 곳으로 가야 한다.

우스갯소리지만, 복권 당첨을 위해 기도하던 성도가 있었다. 그런데 이 성도는 복권을 사 놓고 기도한 것이 아니라 복권도 없이 기도만

했다. 하도 답답해서 친구가 핀잔을 주었다.

"당첨돼도 복권이 없는데 어떻게 돈을 찾냐?"

약2:14
내 형제들아 만일 사람이 믿음이 있노라 하고 행함이 없으면 무슨 유익이 있으리요 그 믿음이 능히 자기를 구원하겠느냐

기도의 철길을 깔았다면 이제 기차를 타고 레일 위를 힘차게 달리는 행동하는 믿음으로 나가야 한다. 행동 없는 기도는 더 위험하다.

진짜 성도, 가짜 성도

성도의 정체성, 성도의 본질은 무엇인가? 성도는 무조건 십자가의 죽음을 경험하고 예수님의 부활과 더불어 부활의 삶을 사는 사람이다. 우리는 죄와 허물로 인해 죽었다가 살아난 사람들이다. 진짜 성도는 그렇다. 하지만 가짜 성도는 그렇지 않다. 죽음을 경험하지 못한 채 여전히 내 혈기, 내 자아가 쌩쌩하게 살아 취미 생활처럼 옵션으로 신앙생활을 하는 사람들이다.

*교회 다니는 자. 되지 말고
예수 믿는 자. 되자.!*

그렇다면 어떤 성도가 진짜 십자가에서 죽은 사람들인가?

첫째, 그들은 어떤 상황에도 감사한다.

죽었다 살아난 사람이 무슨 불만이 있겠는가? 세월호에서 자녀를 잃은 부모들은 매일 아침 아이들을 깨우고, 밥을 먹이고 학교에 보내는 일상을 다시 한 번만이라도, 딱 한 번만이라도 해 보고 싶은 마음에 눈물이 앞을 가린다. 만약 그 아이들이 다시 살아서 돌아온다면 그 부모들과 아이들은 무슨 불만이 있겠는가? 정말 감사, 감사밖에 더 없지 않겠는가?

나는 사형선고를 받고 임종예배를 일곱 번 드렸던 사람이다. 의사들도 포기하여 이미 죽은 사람이나 마찬가지였다. 어느 날, 하나님이 살려 주신다는 확신이 들어 비틀거리는 몸을 일으켜 40kg도 안 되는 몸으로 병실에서 걸어 나오자 어머니가 보시고 깜짝 놀라 바닥에 구르시며 우신다. 죽어서 병실을 나올 줄 알던 아들이 살아서 걸어 나오는 모습을 보며 다시 살아났다고 우신 것이다. 그때 26인치 청바지도 주먹이 두 개나 들어갔다. 몸이 급속도로 회복되기 시작했다. 처음으로 병실 밖의 푸른 하늘을 보았다.

"세상에 이렇게 아름다운 하늘이 있었구나!"

숨을 들이쉬고 내쉬며 맑은 공기를 마셨다.

"아, 숨을 쉰다는 게 이렇게 좋은 것이었구나."

공놀이를 하던 아이들의 공이 날아와 내 얼굴을 때렸다. 살아 있어야 공도 맞는다. 얼얼하면서도 기분이 좋았다.

"아, 살아 있다는 게 이렇게 좋은 것이구나!"

하나님의 은혜로 마침내 퇴원하게 되었다. 집으로 돌아와 어머니를 모시고 농산물 시장에 가는데 어머니가 자꾸 운전하는 내 모습을 옆자리에 앉아 바라보시며 마냥 웃으신다.

"우리 아들이 살아서 운전하는 모습을 내가 다시 보는구나!"

보통은 뒷좌석에 타시는데 그날은 조수석에 앉아 옆에서 그러시는 거다. 신호 대기 중, 갑자기 뒤에서 쾅! 소리가 났다. 휴가 나온 군인이 술을 마시고 차를 몰다가 우리 차 뒷부분을 세게 들이받은 것이었다. 차가 완전히 반파가 되었다. 평소처럼 뒷좌석에 앉았으면 어머니께서 크게 다칠 뻔했다.

뒷목을 부여잡고 어머니께서 이 상황에서 이러신다.

"우리 아들이 살아서 교통사고를 다 당하는구나!"

그러시면서 울다 웃다 하신다. 교통사고도 아무나 당하는 것이 아니다. 병도 아무나 걸리는 것이 아니다. 실연도 아무나 당하는 것이 아니다. 살아 있어야 당하는 것이다. 살아 있는 자만이 겪는 특권이다.

몇 년 전 연초에 안산 지역에 부흥회를 갔다. 그 교회에 세월호로 자식을 잃은 성도가 있었다. 그 엄마에게 기도해 드린다며 새해 소망을 물었다.

"제가 꼭 기도해 드릴게요."

"목사님! 내 손으로 내 자식 밥 한 끼 먹이는 게 소원입니다."

마음이 짠하게 고통스러움을 함께 느끼는 순간이었다.

그렇다. 보통 엄마들은 아이들이 반찬 투정한다고, 편식한다고 짜증을 내며 차려 주는 따뜻한 밥 한 끼가 이 엄마에게는 꼭 다시 해 보고 싶은 한 가지 소원이었다.

살아 있는 자만이 맛볼 수 있는 특권을 우리는 너무도 잊고 산다.

빌4:11-12

내가 궁핍하므로 말하는 것이 아니니라 어떠한 형편에든지 나는 자족하기를 배웠노니 나는 비천에 처할 줄도 알아 모든 일 곧 배부름과 배고픔과 풍부와 궁핍에도 처할 줄 아는 일체의 비결을 배웠노라

사도바울은 어떤 처지나 상황에 놓여 있을지라도 하나님 앞에 감사하고 만족하는 삶을 살게 된 것이다. 사랑하는 자와는 무엇을 함께해도 좋다. 사랑하는 사람과 함께하면 무인도에도 가서도 살 수 있다. 회를 먹어도 좋고, 멸치만 먹어도 행복하다. 죽었다 산 사람이 무슨 불만이 있겠는가? 사도바울은 어떤 환경에서도 감사함을 고백한 것이다.

개척 교회 시절 임신한 아내와 함께 밥을 굶을 때 강대상에 올라가 이렇게 기도했다.

"하나님, 감사합니다. 제가 사업을 하다가 망해 굶는 것도 아니고,

도박을 하다가 굶는 것도 아니고 개척해서 주의 일을 하다가 이렇게 굶을 수 있어 감사합니다. 아기 안드레가 엄마 배 속에서부터 금식 기도하게 하심을 감사합니다."

우리는 지금 어떠한 사람으로 살고 있는가? 왜 아직도 불평이 많고 불만이 많고 투덜거리는가? 아직도 좋은 옷을 입고, 좋은 핸드백을 들고, 좋은 자동차를 몰고, 좋은 집에 살고, 좋은 직장과 지위에 있어야만 감사하겠는가? 아무것도 없어도, 도리어 모든 것을 빼앗기고 망해도 하나님께 감사할 수 있는 진짜 성도가 되자. 가짜 성도가 되지 말자. 오히려 1등 성도가 되자. 꼴찌 성도는 되지 말자.

"그래, 나는 죽었었는데……."

얼마 전 감리교단 목회자 세미나 개최 요청이 왔다. 극구 거절했다.

"목사님, 제가 전도세미나는 강의할 수 있습니다. 하지만 대선배이신 목사님들 앞에서 무슨 목회 강의를 하나요?"

"아니에요, 목사님. 그동안 살아오신 이야기만 하시면 돼요."

그래서 할 수 없이 강의를 했다. 참석하신 목사님들의 70~80% 이상이 미자립 개척 교회 목사님이셨다.

"이 시간은 어떻게 하면 잘되고, 어떻게 하면 부흥할까를 강의하는 시간이 아닙니다. 여기서 죽어도 감사하고, 주의 일을 하다가 굶어도 감사하고, 주의 일을 하다가 망해도 감사하고, 주의 종이란 이름으로 하루라도 살게 해 주신 것을 감사해야 한다는 것을 깨닫기 위한 시간입니다. 어떤 형편에서도 감사하는 것이 우리에게는 당연한 것입니다."

개척 교회 시절은 어떠한 상황에 처하더라도 감사하고 견디어야 한다는 이야기를 하자 목사님들이 우신다. 선배 목사님들 중에 한 분은 자녀가 일곱 명인데, 돈이 없어서 네 명만 학교를 보냈다. 그래도 감사하신단다. 하나님이 먹이시면 먹이시는 대로, 입히시면 입히시는 대로 감사하며 살아가는 것이 목사와 성도의 마땅한 삶이다.

극적으로 예수님을 만나고 난 뒤 엄청난 사업을 하고 부자였던 분이 갑자기 쫄딱 망했다. 더 안타까운 것은 예수님을 믿고 난 후에 망했다. 장어 사업을 했는데 망했다. 그런데 이분은 예상치 못한 반응을 보인다.

"하나님, 망해서 감사합니다."

사업이 잘돼서 부자가 되어 간증하며 돌아다닌 분은 봤지만 사업이 쫄딱 망했다고 망한 것을 감사하며 간증 다니는 분은 처음 봤다. 그분의 모습을 보면서 '이게 진짜 성도의 믿음인데! 나한테 저런 절대 믿음이 없었다니!' 무릎 꿇고 몇 주 동안 정신을 못 차렸는지 모른다.

어마어마한 대작 영화에 엑스트라로 출연한다면 큰 기쁨이 아닌가? 주인공이 아니라고 불평불만을 하겠는가? 하나님께서 나를 엑스트라로 쓰신다 할지라도 쓰임받는다면 큰 영광이 아닌가? 엔딩 크레디트가 올라갈 때 내 이름 석 자가 들어가 있다면 얼마나 큰 감사인가!

얼마 전에 큰 교회에서 청빙이 들어왔다. 훨씬 이전에는 더 큰 교회에서 청빙이 들어왔다. 하지만 청빙을 다 거절했다. 거절의 이유는 단 하나였다.

"하나님, 제가 사역해야 할 곳은 어디입니까?"

이렇게 기도한 내게 하나님께서는 이곳에서 계속 사역하기를 원하셨다. 주께서 말씀하시면 아무리 큰 교회도, 아무리 작은 교회라도 주의 종은 어디든지 갈 준비가 되어 있다. 심지어 하나님께서 무인도로 가라고 하셔도 갈 준비가 되어 있다.

둘째, 죽었다 살아난 사람은 겸손하다.

누가 살아 있는가? 내가 살아 있는가? 내 의가, 내 자아가, 내 죄가 살아 있는가? 살아 있는 자는 항상 교만하다. 그러나 죽은 사람은 자신이 죄인임을 깨닫는 사람이다.

우리 교회 근처에 64세 할아버지가 있었다. 온 가족이 교회를 다녔는데, 자신만 교회를 다니지 않고 있던 분이셨다.

"내가 왜 죄인인데? 내가 왜 용서받아야 하는데?"

불과 세 달 전까지 이렇게 사셨다.

"나는 법 없이도 살 사람이야!"

정말 법 없이도 살 정도로 형법상으론 전혀 죄가 없는 분이셨다. 그런데 우연히 라디오에서 들려오는 내 설교를 듣고 호기심에 우리 교회를 찾아오신 것이다. 한 달 두 달 다니시더니 몇 주 전부터 찬양을 하는데 갑자기 가슴을 치면서 울기 시작하셨다. 깜짝 놀랐다. 찬양하다가 기뻐하며 눈물 흘리는 분은 자주 봤지만, 찬양하다가 가슴을 치면서 흐느껴 우는 분은 처음 봤기 때문이다. 새찬송가 597장 '이전에 주님을 내가 몰라' 찬양을 하는데 우신다.

> 이전에 주님을 내가 몰라 영광의 주님을 비방했다.
> 지극한 그 은혜 내게 넘쳐 날 불러 주시니 고마워라.

"내가 죄인입니다. 내가 죄인이었습니다."

보혈의 은혜가 나의 심장에 들어오면 죄가 깨달아진다. 알아진다. 이전에 죄가 아니라고 주장했던 것들이 얼마나 하나님 앞에 큰 죄였는지 깨닫게 되는 것이다. 주의 은혜가 내게 들어오면 헌신하고 드리고 봉사하고 충성을 다해도 늘 하나님 앞에서는 죄송하다. 더 드리지 못해 죄송하다. 항상 무엇을 해도 하나님께 받은 은혜를 생각하면 정말 송구할 따름이다.

예수님을 만나지 못하고 기독교를 관념으로 믿는 사람들은 특징이 있다. 헌신도 안 하고 드리지도 않는다. 비판만 잘하고 자기가 최고라고 착각한다. 교만하다.

교회 안에도 가라지가 있다. 예수를 믿는다고 입으로는 말하는데 사는 모습을 보면 예수를 부인한다. 예수 믿지 않는 사람들의 가장 큰 특징은 불평한다. 원망한다. 충성하는 성도들과 봉사하고 헌신하는 성도들을 도리어 비난하고 비방한다.

"아이고, 예수를 믿어도 요란하게 믿네!"

가라지는 자신이 알곡이라고 철석같이 믿고 산다. 헌신다운 헌신, 봉사다운 봉사, 충성다운 충성 한번 제대로 안 한 사람의 특징은 분명하다. 성전을 건축하자고 하면 가라지는 교회를 떠나 버린다. '성전은 건물이 아니라 사람이다!'라면서 신학적으로는 잘 아는데 정작 하나님께 헌신하여야 할 기회가 오면 바로 도망간다. 가을전도축제를 하자고 하면 속으로 싫어한다.

'뭐야 또. 교인 피곤하고 부담스럽게 하시네. 전도를 삶으로 해야지, 입으로 해서 돼요? 돈만 들고, 뭐예요? 해마다.'

교회를 개혁해야 한다고 말하면서 자기는 바리새인이나 율법학자들보다도 더 간교하고 가증스럽게 위장한 채 산다. 겉으로는 안 그런 척하지만 속에는 온갖 더러운 것으로 가득 넘친다. 예수님을 만나 죽었다가 살아난 사람들은 교회를 입으로 개혁하려고 하지 않는다. 순종함으로써 교회의 진정한 개혁을 완성한다.

나 같은 게 강단에 서 있는 게 항상 부끄럽다. 목사란 자가 더 충성하고 더 봉사할 수 있는데, 더 전도하고 더 주를 위해 살 수 있는데 하나님 앞에 서면 구원해 주신 것만 해도, 천국에 들어가게 허락해 주신 것만 해도 감사한데, 더 죽지 못해 혈기를 부리고, 더 죽지 못해 열심을 내지 못한 것이 죄송스럽기만 하다. 그렇다. 신앙생활의 본질이란 무엇인가? 날마다 죽는 것이다. 성도는 십자가에서 죽었던 사람들이다. 신앙생활의 본질은 매일매일 십자가 앞에 죽는 것이다. 한 번 죽는 것으로 끝나는 것이 아니라 매일 죽는 것이 신앙생활이다. 사도바울은 이 원리를 잘 알고 있었다. 왜냐하면 진정 십자가에서 죽었다가 살아난 믿음의 사람이었기 때문이다. 주님 뜻 앞에 내 뜻을 버리고, 주님 우선순위 앞에 내 우선순위를 꺾고, 주님 가치관 앞에 내 가치관을 꺾고, 주님 스케줄 앞에 내 스케줄을 꺾고, 주님의 영광과 영화로움을 위해 얼마든지 내 자존심의 무릎이라도 꿇을 수 있는 이런 삶을 살기 원하는 것이다.

　우리의 삶은, 우리의 유익은, 우리의 가치관 따위는 언제든지 배설물처럼 버릴 수 있어야 한다. 주님을 위해 내 가치, 스케줄, 우선순위, 영광과 영화로움을 위해 내 자존심의 무릎을 꿇은 적이 있는가? 신앙은 할 만한 것만 드리고 헌신하는 것이 아니다. 이것저것 나 할 것 다 하고 남는 여가 시간에 주의 일을 하는 게 신앙이 아니다. 제일 꼴불견이 무엇인 줄 아는가? 죽어야 하는 사람이 반만 죽어서 돌아다니는 것이다. 좀비처럼 겉만 사람이지 아무 생각도, 아무 양심의 가책도 없이 걸어 돌아다니며 사람을 잡아먹는다. 반쪽 헌신은 사실 헌신이 아니다. 무엇이든 타협하고 협상하며 신앙생활을 조율한다. 흉측하고 흉물스럽기 그지없다. 죽어야 할 자는 죽어야 한다. 그래야 일꾼으로 살아나 쓰임받을 수 있다.

　종놈은 새벽 2시에 불러도 나와 일해야 하는 것이다. 주인이 부르실 때가 종놈의 때이다. 그런데 그럴싸한 이유를 붙여 가며 거역하며 산다.

　"아니, 아무리 주인이라고 해도 그래. 인권이 있지, 새벽에 깨워 일 시키는 게 합당합니까?"

　따진다고 될 일이 아니다. 하나님이 하시는 일은 우리가 생각하는 일과 차원이 다르다. 하나님께서 새벽에 급박하게 깨워 일을 시키실 때는 그만한 이유가 있기 때문이다. 새벽 2시에 지금 당장 지진이 난 현장에 가서 사람을 구하라고 연락이 온다면 근로조건 이야기하며 안 갈 사람이 어디 있겠는가?

또한 하나님과 우리의 관계는 노사 관계가 아니다. 많은 사람들이 하나님과 협상하며 살려고 한다. 자신의 위치, 자신의 모습을 대단히 착각하기 때문이다.

모든 걸 다 미뤄 놓고 하나님의 스케줄에 내 스케줄을 맞춰 본 적이 있는가? 아니면 내 스케줄에 하나님을 맞춰 보려고 애쓰고 있지는 않는가? 그러나 십자가에서 죽음을 경험한 성도라면 항상 주님이 먼저다. 사람이 먼저가 아니다. 항상 하나님이 먼저다.

나는 죽고 주가 살고
나는 없고 주만 있으면
이 땅에서 하나님의 아름다운 나라 이루리

내 안에서 내가 산다면 육체의 열매를 맺고
내 안에서 내가 죽는다면 성령의 열매를 맺으리

이 찬양처럼 날마다 나는 죽고 주가 살기를 고백하는
진짜 성도로 서시기를 바란다.

분노와 슬픔의 시간의 시선 처리

성도들도 분노와 슬픔의 시간을 만날 때가 있다. 이럴 때에 어떻게 해야 하는가? 그래서 오늘 부제는 '눈 똑바로 떠라!'이다. 이때 우리가 어디를 바라보느냐, 우리의 시선이 어디를 향하고 있느냐가 우리 문제의 승리를 결정한다. 해결책을 좌우한다.

사람이 보통 극단의 상황에 몰려 절망 상태가 되면 대부분 원초적인 반응을 하기 마련이다.

"왜 이런 일이 나한테 생겼지? 누구 때문이지?"

상황을 바라보고 해결책을 찾기보다는 이 상황을 초래한 사람이 누구인지, 원인 제공을 한 자가 누구인지 불꽃같은 눈으로 두루 찾는다.

일본에는 '부락'이라는 것이 있다. 소위 천민들이 사는 마을이다. 일본 사람들은 부락에 사는 사람들을 멸시하고 천대했다. 뭔가 기분 나쁜 일이 생기면 부락에 사는 사람들에게 원인을 돌렸다. 그들의 나쁜 감정을 쏟을 일종의 하수구 같은 역할을 한 것이다. 부락이라는 말은 일본인들이 일제강점기 당시 우리나라에 들여와 우리나라 마을에서도 많이 사용했다. 지금은 이런 말이 거의 사라졌지만, 88올림픽을 하기 전만 해도 많이 사용했다. 일제의 대표적인 잔재 중 하나다. 일본에는 이런 나쁜 문화가 있다. 누군가를 감정의 분출구로 사용한다는 것 자체가 이해가 안 가지만, 이런 식으로 해결하는 방법이 하나의 문화로 자리 잡은 것이다. 이지메, 소위 왕따의 원조도 일본이다. 누군가를 타깃으로 자신의 사악한 불평과 원망을 해소하는 것이다.

절망 중에 다른 사람에게 책임을 전가하는 태도는 가장 취하기 쉬운 방법이다. 교도소 재소자를 대상으로 선교를 하시는 목사님께서 이런 말씀을 하셨다.

"이 안에는 죄를 지은 사람이 거의 없어요. 다 억울하다고 합니다. 다 누구누구 때문에 여기에 오게 되었다고 합니다."

대부분 누군가에게 시선을 돌려 그 분노와 슬픔의 원인을 찾으려 한다. 그래서 그들은 자신의 분노와 슬픔을 누군가에게 돌려 원망하고 쏟아 내어 다툼을 일으키고 충돌한다. 하지만 이 슬픔과 분노의 시간이 하나님 앞에서 내 삶을 바로 보고 인지할 수 있는 귀한 기회요, 거울로 삼음이 마땅한 일임을 알아야 한다.

다윗은 아기스를 따라 전쟁에 참여하려 했으나 블레셋 방백들의 불신으로 전쟁터에서 쫓겨났다. 다윗의 보호로 안전할 수 있었던 이스라엘 백성들은 도리어 다윗을 배신했다. 거기에다가 자식도 아내도, 부하들의 가족도 모두 포로로 끌려간 상황이었다. 망연자실하여 슬픔의 감정을 추스르기도 힘든 상황이었다. 가장 분노해야 할 사람이 다윗이었던 것이다.

지금 누군가에 대한 분노의 시선으로 그들을 바라보고 있는가? 희생양으로 삼고 분노와 슬픔에 잠겨 있을 때가 아니다. 도리어 이것은 영적인 문제다. 게다가 다윗의 부하들은 다윗에게 무슨 짓을 하려고 하고 있는가? 다윗을 돌로 치려 하고 있다. 부하들마저 배신하려 하고 있다. 다윗을 대적한다는 것은 하나님을 대적하는 것과 같다. 부하들은 누구였는가? 이스라엘에서 범죄하여 더 이상 살 수 없는 사람들이 대다수였다. 그들의 범죄의 삶에 비하면 아무것도 아니었다. 하지만 도리어 억울해하고 분해한다. 우리가 과연 하나님 앞에 떳떳할 수 있겠는가? 사람의 눈을 속였을지 모르나 혹, 하나님께 은밀히 범죄한 것은 없었는가? 내 생활에 어렵고 힘든 일이 생기면 우연이라고 생각해서는 안 된다. 도리어 잘못된 삶, 신앙을 바로잡을 절호의 기회로 삼아야 한다. 그러기 위해 다음 두 가지를 행해야 한다.

첫째로 회개가 먼저다.
라디오에서 긴급 뉴스가 흘러나온다.
"지금 역주행하는 차량이 한 대 있습니다. 조심해 주시기 바랍니다."
이 방송을 들은 운전자 한 사람이 이렇게 말한다.
"쳇, 한 대라고? 지금 수백 대도 넘는데?"
수백 대도 넘게 역주행하고 있다고 말하는 그 사람이 바로 역주행의 주범인데도 모르는 것이다.
늙은 노부부가 있었다. 할머니는 설거지를 하고 있었고 할아버지가 부인을 향해 이렇게 말했다.
"여보, 오늘 저녁은 외식합시다."
"……."
"여보, 오늘 저녁은 외식하자고!"
"……."
"아니, 이놈의 할망구야! 저녁엔 외식하자고!"

그제야 할머니가 돌아서며 이렇게 외친다.

"아이고, 시끄러워 죽겠네. 몇 번이나 알겠다고 대답했는데 그래요!"

실상은 할아버지 귀가 어두워 못 알아들은 것이다.

사도행전에 보면 변화받기 전의 사도바울, 즉 사울이 나온다. 그는 스데반 집사의 죽음을 순교로 생각하지 않았다. 그의 죽음을 당연하게 생각했다. 그러나 그는 그리스도를 만나 낮고 낮아져서 주님을 바라보게 된다. 이전에는 몰랐던 죄가 슬픔과 고난을 만나면 드러나게 된다. 바로 이때가 회개하고 돌이키고 회복할 때이다. 먼저 회개함으로 시작하자.

둘째로 분노와 슬픔을 안경 삼아 하나님을 바라보라.

분노와 슬픔에 있는 사람을 보면 소망이 없다. 더욱 분노와 슬픔은 깊어지고 차오를 뿐이다. 그러나 하나님을 바라보는 자들은 힘과 용기를 얻게 된다. 사무엘상 30장 6절 말씀에 '다윗이 크게 다급하였으나 그의 하나님 여호와를 힘입고 용기를 얻었더라'라고 하였다. 다급하고 힘들 때, 분노와 슬픔이 끓어오를 때, 이때가 바로 하나님을 바라볼 때이다. 하나님께 외칠 때이다. 기도할 때이다.

모압과 암몬, 마온의 연합군이 이스라엘을 침공했을 때에 여호사밧 왕은 이렇게 외쳤다.

대하20:12

우리 하나님이여 그들을 징벌하지 아니하시나이까 우리를 치러 오는 이 큰 무리를 우리가 대적할 능력이 없고 어떻게 할 줄도 알지 못하옵고 오직 주만 바라보나이다.

홍해 앞에서 오도 가도 못한 채 애굽 군대의 추격에 두려워 벌벌 떨며 슬픔과 분노에 복받쳐 있을 때에 모세는 이렇게 외쳤다.

출14:13
너희는 두려워하지 말고 가만히 서서 여호와께서 오늘 너희를 위하여 행하시는 구원을 보라 너희가 오늘 본 애굽 사람을 영원히 다시 보지 아니하리라

엘리사를 죽이려고 아람군대가 도단성을 포위하여 에워쌌을 때 슬픔과 분노에 떨던 사환에게 엘리사는 이렇게 외쳤다.

왕하6:17
여호와여 원하건대 그의 눈을 열어 보게 하옵소서 하니 여호와께서 그 청년의 눈을 여시매 그가 보니 불말과 불병거 산에 가득하여 엘리사를 둘렀더라

오직 외치는 자만이 구원을 얻을 것이다. 부르짖는 자만이 기도 응답을 받을 것이다. 간절한 자만이 소원을 이룰 것이다.

정체가 아니라 뿌리내림이다

신앙은 육신의 본성과 안일을 쫓아 넓은 길을 선택함이 아니요, 생명으로 인도하는 좁은 길을 선택하는 삶이다. 그래서 믿음은 입술로 주장함이 아니요, 삶으로 증명해야 한다. 믿음이 있다고 하면서 잎사귀만 무성하다면, 삶의 아름다운 열매를 맺지 못한다면 그 신앙은 가짜이다. 열매는 그 나무의 정체성이다. 아무리 자기가 좋은 과실수라고 외쳐도 그 열매로만 자신을 증명할 수 있는 법이다. 죽는 길은 넓다. 너무 편안하고 안락하다. 가만 놔두면 결국 죽는다. 반면 내 육신의 본성을 거슬러서 사는 길은 좁다. 힘들다. 어렵다. 고통스럽다. 그러나 좁은 문, 좁은 길을 걷는 자는 결국 산다.

"나는 신앙인으로서 좁은 길을 선택하여 살고 있습니다."

이렇게 입술로 주장한다고 해서 실제로도 과연 좁은 길을 선택하여 살고 있을까? 많은 크리스천들이 스스로 좁은 문, 좁은 길을 가고 있다고 주장한다. 그러나 실상은 그렇지 아니하다.

예수님은 마태복음 7장에서 좁은 문으로 들어가라고 말씀하셨다. 16절에 '그들의 열매로 그들을 알지니 가시나무에서 포도를, 또는 엉겅퀴에서 무화과를 따겠느냐'라고 하셨듯, 열매를 통해 좁은 길을 가고 있는지, 멸망의 크고 넓은 문을 가고 있는지 분별하라고 말씀하신다.

어떤 나무인지 알 수 있는 가장 좋은 방법은 열매를 확인하는 것이다. 포도나무에서는 포도가 맺힌다. 사과나무의 열매는 사과이다. 나무의 정체성은 잎사귀가 아니라 열매이다.

행위가 곧 구원은 아니다. 그러나 구원받은 자는 반드시 좋은 열매로 반응하게 된다. 얼마 전 한 기사를 보고 배꼽을 잡고 웃었다.

"흰색 회색 곰이 나타났다!"

회색인 곰은 회색 곰이라고 하지, 어떻게 흰색 회색 곰이라고 하는가?

"아기를 사랑하는 마음으로 만든 액상분유!"

우유를 가루로 만든 게 분유인데, 액상분유라고 말한다. 정말 말도 안 되는 말이 아닐 수 없다. 오늘도 어떤 사람들은 자기가 열매를 맺고 있다고 말은 한다. 그런데 삶에는 아무런 열매가 없다. 도리어 악한 열매만 맺는다.

교회 안에 가라지가 있다고 예수님은 말씀하셨다. 교회 안에서 모두가 신앙생활하면서 나는 좋은 열매를 맺고 있다고 주장하는 사람이 있다. 그러나 가만 보면 아무런 열매를 맺지 못하고 있다. 가라지이기 때문이다. 직분은 전혀 상관없다.

마태복음 3장 8절에는 '그러므로 회개에 합당한 열매를 맺고'라며 회개를 말씀하신다. 10절에서는 '좋은 열매 맺지 아니하는 나무마다 찍혀 불에 던져지리라'라고 말씀하셨다.

항상 자기 의가 살아 다른 사람을 정죄하는 모습을 가진 자가 어떻게 좋은 열매를 맺는다고 할 수 있겠는가? 우리가 정말 하나님 앞에 죄인임을 고백했다면 겸손함이 나와야 한다.

그렇다면 어떻게 해야 좋은 열매를 맺을 수 있는가?

누가복음 8장에서는 씨 뿌리는 비유를 기록하고 있다. 좋은 신앙,

좋은 열매, 좋은 믿음의 삶을 살 수 있는 신앙의 필수 요소를 인내라고 말씀하고 있다.

눅8:15
좋은 땅에 있다는 것은 착하고 좋은 마음으로 말씀을 듣고 지키어 인내로 결실하는 자니라

삶의 아름답고 선한 열매는 노력으로 시작되지 않는다. 열심히 한다고 해서 되는 것이 아니다. 말씀이 먼저 떨어져야 한다. 말씀이 먼저다! 말씀이 있어야 열매도 맺을 수 있다. 8장 12절에서는 길가에 떨어진 말씀을 그 마음에서 빼앗아 시작조차 못 하는 사람을 보여 준다. 13절에서 바위에 떨어진 말씀은 은혜를 받고 씨앗이 싹트기까지 하지만 시련만 닥치면, 어려움만 생기면 믿음을 팔아먹고 좌절하고 포기하고 교회에 나오지 않는 사람을 말한다. 14절에서 가시 떨기에 떨어진 말씀은 욕심 많고 염려 많고 세상 낙을 더 즐거워하는 사람들을 말한다. 전도해 보면 이런 사람들을 많이 만나게 된다. 처음에는 관심을 보이고 복음을 잘 받는 것 같고 교회도 나오지만 마음은 콩밭에 가 있는 사람들이다. 15절에서 좋은 땅은 착하고 좋은 마음으로 말씀을 듣고 인내로 결실하는 자들을 말한다.

1. 좁은 길을 선택하라.
2. 좁은 길을 선택한 것은 열매로 안다.

3. 좋은 열매는 회개의 합당한 열매이다.

4. 좋은 열매를 맺기 위해서는 첫째, 말씀이 필요하다. 둘째, 인내해야 한다.

인내란 무엇인가? 인내는 믿음의 산물이다. 인내는 좋은 신앙의 필수 불가결한 요소이다.

인내는 단순한 기다림이 아니다. '나의 기대와 하나님의 때를 연결해 주는 다리'가 바로 인내이다. 나는 지금 당장 열매가 보고 싶고 응답이 되기를 바라고 건강해졌으면 좋겠고 속 시원하게 답을 알고 싶지만 내가 원하는 때가 아니라 하나님의 때, 하나님의 기가 막힌 타이밍을 믿고 기다리는 것이 인내이다. 즉, 인내는 믿음의 산물이다. 성경이 말하는 인내는 참을성이 무모한 기다림이 아니다. 나의 때를 하나님의 때에 맞추는 것이 인내이다. 지금 당장 물질 문제가 해결됐으면 좋겠는데! 지금 당장 남편이, 아내가, 자녀가 변화되었으면 좋겠는데! 지금 당장 시험에 합격했으면 좋겠는데! 지금 당장 아기가 생겼으면 좋겠는데! 그러나, 내가 바라는 때와 하나님이 정하신 때는 다르다.

오늘 나는 당장 쓰임받고 싶지만 하나님께서는 모세를 80세까지 기다리게 만드셨다. 요셉은 30세가 될 때까지 인내해야 했고, 아브라함은 100세가 되어서야 아들을 얻는다. 이삭은 40살이 되어야 장가를 간다. 여리고를 세 바퀴만 돌아도 무너졌으면 좋겠는데 하나님은 일곱 바퀴까지 돌게 하셨다. 나의 때와 하나님의 때의 간격을 메우는 것이 바로 인내이다. 막연한 참을성이나 막무가내로 기다리는 것이 인내가 아니다.

중국에 가면 모소 대나무가 있다. 중국의 극동 지방에서만 자라는 희귀종이다. 마을 사람들은 이 대나무를 키워 생계를 유지한다. 그래서 정성스럽게 대나무 모종을 산에 심는다. 모소 대나무는 4년이 지나도 불과 3cm밖에 자라지 않는다. 4년은 결코 짧지 않은 세월이다. 그런데 작은 나무조차 되지 않는다. 하루에 1m씩 자라는 대나무도 있는데 그에 비하면 성장 속도가 매우 더디다. 이쯤 되면 불안해하거나 절망해야 하지 않는가? 이 모습을 본 타 지방 사람들은 도무지 이해하지 못하고 고개를 가로젓는다. 육안으로 보기에도 자라지 않고 성장이 멈춘 것처럼 보인다. 그런데 이 모소 대나무는 5년이 되는 날부터 하루에 무려 30cm가 넘게 자라기 시작한다. 이렇게 6주 만에 15m 이상 자라게 되며, 순식간에 빽빽하고 울창한 대나무 숲을 이룬다. 사람들은 6주 만에 놀라운 일이 벌어졌다고 말하지만, 지난 4년 동안 모소 대나무는 땅속에서 수백 제곱미터에 이르는 뿌리를 깊이깊이 뻗치고 있었던 것이다. 하나님은 졸거나 주무시지 않는다. 하나님께서는 나를 위해 역사하고 계신다.

때로는 실패와 좌절, 낙심, 혼란 속에 사는 것처럼 성도가 있다. 마치 믿음이 정체되어 있는 것처럼 보인다. 목사는 그런 양들을 위해 기도한다. 포기하지 않고 뿌리내리고 있음을, 하나님께서 일하고 계심을 믿어야 한다.

하나님의 약속이 너무 묘연한가? 현실과는 너무 거리가 멀어만 보이는가?

요셉은 30세 될 때까지 무고와 억울한 옥살이를 하고 노예로 살았다. 사람들이 그를 보면서 꿈하고 먼 삶을 산다고, 정체라고 말할지라도 하나님은 기다리신다. 하나님의 타이밍, 하나님의 스케줄, 하나님의 계획과 목적의 때가 되면 누구도 막을 수 없는, 세상이 막을 수 없는, 시대가 막을 수 없는, 사람이 막을 수 없는, 악한 영의 권사가 막을 수 없는 놀라운 축복이 우리와 함께하신다.

그렇다면 어떻게 우리가 인내를 소유하는 믿음을 가질 수 있을까? 바로 환난이다.

환난은 인내를 만들어 준다. 고난과 환난의 종착역은 소망을 이룬다. 인내를 만드는 재료는 환난이다. 환난을 당하지 않으면 인내가 생기지 않는다. 그래서 인내의 재료는 환난이다. 김치볶음밥의 주재료는 뭔가? 김치이다. 오므라이스의 주재료는 뭔가? 계란이다. 그렇다면 인내의 주재료는 무엇인가? 환난이다. 환난 중에 있는가? 그래서 사도바울은 즐거워하라고 말씀하신 것이다. 환난이 인내를 만들어 결국 소망을 이루게 하시기 때문이다. 또 하나는 성령을 통해 인내를 이루신다. 내 상황이 더 급박해지고 더 악랄해지고 어려워졌기에 못 참는 것이 아니라, 은혜가 떨어졌기 때문에 못 참는 것이다. 가만히 생각해 보라. 성령의 은혜를 받은 사람은 성령의 열매를 맺기 마련이다. 참을 수 있게 된다. 하지만 은혜가 떨어지면 못 참는다.

나의 아버지는 힘이 장사였고 혈기가 충만한 동네 깡패였다. 그러던 중 예수님을 만나 목사가 되었다. 중학교 2학년 때 비가 오던 날, 아버지 안봉규 목사님은 동네 사람들이 질퍽한 진흙길을 다니는 것이 안타까워 흠뻑 비를 맞으며 벽돌을 날라 길에 깔고 계셨다. 그날 술이 흥건히 취한 술주정뱅이가 지나가며 소리를 질렀다.

"똑바로 해, XX야!"

한주먹거리도 안 되는 술주정뱅이는 삽을 들어 아버지의 등을 내리치고 있었다. 연신 아버지는 "아, 네. 알겠습니다. 잘하겠습니다." 하면서 참고 계셨다. 성령께서 함께하시지 않는다면 이것이 가능하겠는가? 목사님의 모습을 보며 나는 하나님이 함께 계심을 느꼈다.

동산교회에 노방전도하는 집사님이 계셨다. 지하철역에서 전도를 하는데 술주정뱅이와 시비가 붙었다. 사람들이 벌 떼처럼 모여들기 시작했다. 동산교회 집사님도 깡패 출신이라 혈기가 대단한 사람이었다. 술주정뱅이가 웃통을 벗고 집사님 멱살을 잡고 흔들며 교회와 목사와 예수님까지 욕했다. 집사님의 혈기가 올라왔다. 같이 멱살을 잡고 일촉즉발 주먹다짐만 남았을 때 우연히 그곳을 지나가던 그 광경을 지켜보던 목사님이 다가와 가까스로 말렸다. 그리고 집사님 귀에 대고 이렇게 말했다.

"집사님, 예수님을 생각하세요!"

당장이라도 주먹으로 칠 것 같던 집사님이 스르르 멱살을 놓았다. 술주정뱅이도 제정신이 돌아왔는지 옷을 주워 입고 재빨리 사라졌다. 하나님의 성령이 함께하시면 우리는 인내할 수 있다. 은혜가 있으면 참을 수 있고 견딜 수 있다. 그러나 은혜가 떨어지면 우리는 불평하고 원망하고 폭발한다. 성령님만이 우리에게 은혜를 주시고 힘을 주시고 견디게 하신다. 오래 참음은 성령의 능력이다. 개인의 성향이나 성격,

능력 차가 아니다.

은혜 받고 성령 받으면 인내가 쉽다. 절제가 쉽다. 은혜가 떨어지면, 성령의 기름 부음을 받지 못하면 모든 것이 버겁고 지겹고 이제 끝장내고 싶어진다. 그렇기 때문에 은혜 받고 성령의 능력을 받아야 한다. 그래야 온전한 인내를 이룰 수 있기 때문이다.

히6:14-15
이르시되 내가 반드시 너에게 복 주고 복 주며 너를 번성하게 하고 번성하게 하리라 하셨더니 그가 이와 같이 오래 참아 약속을 받았느니라

사람을 기쁘게 하랴, 하나님을 기쁘시게 하랴

지금 이야기는 주의 종과 성도들의 신앙 자세, 목회의 근본적인 정신에 관한 아주 중요한 이야기다. 전제는 '우리가 사람의 즐거움을 위하여 신앙생활을 하는 것이 아니다'라는 것이다. 오직 우리 마음을 감찰하시는 하나님을 기쁘시게 하려 함이다.

지난해 부산 목회자 모임에서 말씀을 전했다. 끝나기가 무섭게 많은 목사님들이 집회 요청을 여기저기서 한다.

"목사님, 올해 와 주셨으면 좋겠어요!"

"올해는 모든 일정이 다 잡혔어요. 어떡하죠?"

그래서 다음 해인 금년에 일정을 잡아 한세대학교 신대원생들에게 말씀을 전했다. 목회자 모임이나 신학생들의 모임에 가서 말씀을 전하면 꼭 나오는 질문이 있다.

"목사님, 설교를 어떻게 준비하시나요?"

설교를 준비하다 보면 여러 가지 예화, 책들에서 본 기가 막힌 내용들이 떠오를 때가 있다. 이런 내용을 넣으면 성도들이 웃는 모습이 보인다. 기뻐하는 모습이 보인다. 하지만 무턱대고 덜컥 설교에 넣지 않는다. 사람들이 기뻐할 만한 내용보다 더 먼저 생각하는 것이 있다.

"저는 아무것도 안 합니다. 이것만 생각하고 준비합니다. '어떤 말씀을 전하면 하나님이 기뻐하실까?' 하는 것이지요."

나는 이 고민을 하며 설교를 준비한다.

후안 까를로스 오르띠스 목사의 〈제자입니까?〉란 책을 보면 목사, 장로, 집사, 성도의 길이 다를 것 같지만 모두 같다고 말씀하신다. 대부분의 사람들이 목사는 가장 힘든 길을, 성도는 그래도 넓고 평탄한 길을 걸어도 된다고 생각한다. 하지만 제자의 길은 같다는 게 오르띠스 목사의 결론이다. 그러니 오늘, 하나님을 기쁘시게 하기 위해 노력해야 한다.

한세대에서 말씀을 전할 때 보통 45분을 준다고 했다. 그런데 나에게는 두 시간이나 할애해 주었다. 여기저기서 은혜를 받다 보니 두 시간을 훌쩍 넘겼다. 젖먹이는 엄마는 아기가 배고파서 젖을 잘 먹으면 더 먹이고 싶다. 목사도 사람들이 은혜 받는 모습을 보면 힘들어도 설교를 금방 마칠 수가 없다. 열심히 말씀을 전하다 보니 시간이 많이 늦어졌다. 시계를 보니 밤 11시가 넘었다. 집회가 끝나자 너무도 배가 고파서 밤늦게까지 문을 연 음식점을 찾았다. 찾고 찾다가 24시간이라고 불이 켜진 뼈다귀 해장국집이 눈에 들어왔다. 겨우 찾아 들어갔다. 알바생으로 보이는 여자 청년이 들어오는 나를 보더니 이런다.

"아, 죄송합니다. 문을 닫는 중이었어요."

원래 24시간 하는데 오늘만 직원 회식이 있어 일찍 문 닫는 중이란다.

'아! 너무 배고픈데……'

난 간신히 말을 이어갔다.

"아, 그래요?"

"어? 안호성 목사님이시죠? 반갑습니다. 저 목사님 팬이에요!"

나를 알아보고 엄청 반가워한다. 안양감리교회 청년이었다. 내심 안심이 되었다.

'우리까지는 밥을 먹을 수 있겠다.'

그런데 이게 웬일인가?

"목사님, 근데 죄송해요. 문 닫아야 돼서 나가 주셔야 해요!"

아쉬웠지만 그녀에게는 힘이 없었다. 아무리 나를 좋아해도 그녀는 뼈다귀 해장국집 사장의 명령을 따라야 했다. 식당의 주인은 사장이기 때문이다. 그렇게 소속감이 중요하다는 걸 깨닫고 그때부터 이 설교를 준비했다. 사람이 아닌 하나님을 기쁘시게 하기 위해서는 소속감의 분명한 확인이 필요하다.

당신은 누구의 종인가? 사람의 종인가? 하나님의 종인가? 사람의 종이라면 사람을 기쁘게 하는 데 집중하면 되고, 하나님의 종이라면 하나님을 기쁘시게 하는 데 최선을 다해야 한다.

그렇다면 무엇이 우리가 참된 종이 되는 것을 방해하는가?

1. 물질의 욕심이 우리를 사람의 종이 되게 한다.

물질이 가는 곳이 곧 마음이 가는 곳이다. 게임을 하는 사람은 게임에 마음이 가 있다. 시간을 들이고 아이템을 사기 위해 기꺼이 돈을 쓴다. 물질이 가는 곳에는 헌신이 간다.

학원에서는 학생들이 열심히 공부를 한다.

"왜 공부하니?"

"그래야 성적이 잘 나오거든요."

"성적이 잘 나오면 뭐가 좋은데?"

"좋은 대학을 갈 수 있어요!"

"좋은 대학을 가면 뭐가 좋은데?"

"좋은 대학을 가면 좋은 직장에 갈 수 있어요."

"좋은 직장에 가면 뭐가 좋은데?"

"월급을 많이 받을 수 있거든요!"

대부분의 사람들은 욕심 때문에 인생을 산다. 돈이 목적이지 하나님을 기쁘시게 하는 데에는 그다지 관심들이 없다. 그러나 하나님의 자녀들은 다르다. 하나님을 기쁘시게 하는 데 모든 관심이 집중되어 있다.

마16:9-13

너희를 위하여 보물을 땅에 쌓아 두지 말라 거기는 좀과 동록이 해하며 도둑이 구멍을 뚫고 도둑질하느니라 오직 너희를 위하여 보물을 하늘에 쌓아 두라 저기는 좀이나 동록이 해하지 못하며 도둑이 구멍을 뚫지도 못하고 도둑질도 못 하느니라
네 보물 있는 그곳에는 네 마음도 있느니
눈은 마음의 등불이니 그러므로 네 눈이 성하면 온몸이 밝을 것이요 눈이 나쁘면 온몸이 어두울 것이니 그러므로 네게 있는 빛이 어두우면 그 어둠이 얼마나 더하겠느냐 한 사람이 두 주인을 섬기지 못할 것이니 혹 이를 미워하고 저를 사랑하거나 혹 이를 중히 여기고 저를 경히 여김이라 너희가 하나님과 재물을 겸하여 섬기지 못하느니라

2. 두려움이 사람의 종을 만든다.

하나님은 아말렉 족속을 모두 멸절할 것을 명하셨다. 아말렉 족속은 출애굽할 때 이스라엘백성들 중에 후미에 있던 노약자와 여인, 어린이들을 잔인하게 공격하여 약탈하던 족속이었다(출17:8, 13; 신25:17-18). 하나님께서는 그들을 심판하기로 작정하시고 모두 멸하라 하신 것이다. 그러나 사울왕은 모두 멸절하지 않고 돈이 될 만한 좋은 것은 남겨 두었다. 사울왕은 모두 다 쳐서 멸하라는 하나님의 말씀을 어겼다. 사울왕 스스로 백성들이 두려워서 사람을 더 의식하여 하나님의 말씀을 순종 못 했노라며 자백하고 말았다.

삼상15:22-23

사무엘이 이르되 여호와께서 번제와 다른 제사를 그의 목소리를 청종하는 것을 좋아하심같이 좋아하시겠나이까 순종이 제사보다 낫고 듣는 것이 숫양의 기름보다 나으니 이는 거역하는 것은 점치는 죄와 같고 완고한 것은 사신 우상에게 절하는 것과 같음이라 왕이 여호와의 말씀을 버렸으므로 여호와께서도 왕을 버려 왕이 되지 못하게 하셨나이다 하니

헤롯은 체면 때문에 세례 요한을 목 베어 죽였다. 사람을 두려워하는 자는 올무에 빠진다.

목사도 유혹에 빠질 때가 있다. 말씀을 준비할 때 사람들이 싫어하는 말을 피하고, 좋아하는 말을 찾아서 하려고 한다. 요즘 한국 교회에는 3대 금기 설교가 있다고 한다. 다음 세 가지 주제로 설교하면 성도들이 싫어한다는 것이다.

1. 회개하라!
2. 헌금하라!
3. 헌신하라!

한국 교회 최대 부흥기였던 70년대, 80년대, 90년대 초까지만 해도 성도들이 교회에서 설교를 들으면 가슴이 뜨끔했다. 마음속에 찔림이 있었다. 죄를 자복하고 회개했다. 그런데 지금은 그렇게 하면 성도들

이 싫어한다고 하지 말란다. 소위 위로하는 설교, 축복받는다는 내용만 하란다. 헌금하라는 설교도 하지 말란다. 군포에서 500명 이상이 모이던 중대형 교회에 어느 목사님이 부흥강사로 초청을 받았다. 그런데 담임목사님이 강사목사님에게 이렇게 부탁하시더란다.

"목사님, 헌금하라는 설교는 절대로 안 하셨으면 좋겠어요. 여전도회장이 부흥회한다고 하니까 또 헌금해야 하냐고 부담스러워 하더라고요."

몇 년 뒤 이 교회는 사분오열되어 없어지고 말았다. 헌신하고 봉사하라는 설교도 성도들이 부담스러워한다고 하지 말란다. 헌신과 봉사를 통해 축복이 오는 것인데 그것을 하지 말란다. 식당봉사도 어렵다고 용역을 쓰고, 청소도 힘들다고 용역을 쓴다. 돈이면 다 해결되는 편리한 세상이 된 것이다.

필리핀의 복싱 영웅 매니 파퀴아오는 동성애자를 비판하는 소신 발언을 하였다. 사람들의 비난을 받자 8년간 수백만 달러를 후원하던 나이키는 파퀴아오의 '성소수자 비하 발언은 혐오스럽다'며 모든 후원을 끊었다. 하지만 그는 당당했다.

"나는 진실을 말했고, 하나님이 함께하시기 때문에 나는 행복합니다."

동성애자들을 동물에 비유한 것은 사과했지만, 동성애가 잘못된 것이라는 입장은 변함없이 강조했다. 파퀴아오는 엄청난 물질의 손실이 있었지만 하나님의 말씀을 따랐다.

그렇다면 어떻게 해야 하나님을 기쁘시게 하는 삶을 살게 되는 것인가? 기자들의 질문에 파퀴아오는 이렇게 답했다.

"후회하시지 않습니까?"

"후회하지 않습니다. 하나님이 동행해 주시므로 너무 행복합니다."

우리나라에 차별금지법이 통과되면 목사는 동성애가 죄라는 설교를 못 하게 된다. 그리스도인이라면 하나님을 기쁘시게 하는 삶을 선택해야 한다. 동성애가 죄라는 설교를 했다가는 목사가 감옥에 가야 한다. 성경책까지 금서로 지정되어 출판 금지가 될지도 모른다. 어느 국회의원이 동성애를 지지하는지 반대하는지 이젠 관심을 가져야 한다. 호주는 동성애 천국이다. 그런데도 아직 차별금지법이 통과되지 못하고 있다. 호주 국회의원 한 분이 온몸을 바쳐 막아 냈기 때문이다. 그런데 이제 호주도 결국 동성 혼인 합법화 법안을 2017년 12월 7일 통과시켰다. 이제 대한민국의 기독교가 동성애 파고의 마지막 방파제이며, 동성애로부터 나라와 교회를 지켜 낼 최후의 보루가 되었다.

자, 이제 여러분은 누구를 기쁘게 할 것인가? 하나님인가? 사람인가?

너희도 가려느냐

전국 방방곡곡을 다니며 설교하면 교회들마다 공통된 아픔이 있다. 성도들이 교회를 떠나가는 것이다. 목사님들에게 설교할 때 우리 교회도 떠나간 성도님들이 많이 있다고 하면 많은 목사님들이 공감하고 위로를 받는다.

"우리 교회도 떠나간 사람이 많아요."

"정말이에요?"

"네, 우리 울산온양순복음교회는 떠나간 사람이 더 많아요."

사람들이 교회를 떠나갈 때가 언제인가? 사람들이 교회를 떠나갈 때는 진정한 교회의 본질, 교회의 사명을 이야기할 때부터이다. 이런 설교는 인기 없다. 사람들이 좋아하지 않는다.

요한복음 6장은 떡 이야기로 가득하다. 예수님께서 갑자기 떡 이야기를 하신다. 6장 1절에는 바로 그 유명한 오병이어로 5,000명을 물고기 두 마리와 떡 다섯 개로 먹이신 사건이 등장한다. 이후 예수님께서는 육신의 떡이 아니라 생명의 떡에 관해 말씀을 증거하고 계신다. 이때부터 예수님께서는 썩을 양식을 위해 살지 말고 썩지 않을 생명의 양식을 위해 살라고 말씀하신다.

요6:35

예수께서 이르시되 나는 생명의 떡이니 내게 나아오는 자는 결코 주리지 아니할 터이요 나를 믿는 자는 영원히 목마르지 아니하리라

요6:66

그때부터 그의 제자 중에서 많은 사람이 떠나가고 다시 그와 함께 다니지 아니하더라

교회는 돈을 버는 곳이 아니다. 교회는 네트워크의 수단을 만족시키는 곳이 아니다. 교회는 교제만 하는 곳이 아니다. 교회는 위로만 받는 곳이 아니다. 교회는 진정 하나님의 뜻을 따라 사는 곳이다.

요한복음 6장 66절에 기록된 말씀은 가히 충격적이다. 오병이어를 먹고 배불렀던 수많은 예수님을 따르던 사람들에게 예수님께서는 생명의 떡을 먹어야 산다고 말씀하신다. 예수님께서 복음의 핵심, 자신이 곧 생명의 떡임을 말씀하시자 그동안 예수님을 따랐던 수많은 사람들이 떠난다. 그때부터 그의 제자 중에서 많은 사람이 떠나가고 다시 그와 함께 다니지 아니한다.

오늘도 마찬가지다. 세상적 가치를 추구하는 사람들은 결단의 시기가 되면 교회를 떠난다. 한인 교회는 대표적인 한인 커뮤니케이션의 메카이다. 심지어 절에 다니던 사람도 교회에 간다. 교회에 가야 한국 사람들을 만날 수 있기 때문이다. 그런데 한인 교회에서 주도적 역할을 하던 교회가 약간의 문제가 생기면 순식간에 200명, 300명, 심지어 천 명 이상이 다른 교회로 이동한다. 이것이 교회일까? 모든 한인 교회가 다 그런 것은 아니지만, 이렇게 이동하는 교회가 정상인가?

영어 학원에 가면 멋진 총각 선생님을 만날 수 있다. 멋진 아가씨를 만날 수도 있다. 그러나 영어 학원에 가는 목적은 단 하나다. 영어를 배우는 것이다. 아무리 다른 목적이 좋아도 영어 학원의 본질은 영어를 잘 배우고 잘 가르치는 것이다. 언젠가 알란 탐 뺨치는 영어 선생님이 있었는데, 인기가 하늘을 찔렀다. 하지만 영어를 못 가르쳤다. 결국 학원장의 선택은 그를 해고하는 것이었다.

많은 사람들이 교회의 부흥을 꿈꾼다. 교회의 존재 목적을 교회 부흥이라고 생각한다. 그러나 교회다움을 잃어버린다면 교회는 순식간에 공중분해된다. 한국 교회 역사에 순식간에 무너진 교회들이 많다. 아무리 덩치가 커도 본질을 잃어버린 교회는 무너지고 말았다. 맛을 잃은 소금은 길가에 버려지고 던져져 지나가는 사람들에게 밟히기 마련이다. 본질을 잃으면 무너진다.

사람들은 우리 농어촌 교회가 부흥하자 관심을 갖기 시작했다. 교인이 100명이 넘어갈 시점이었다. 갑자기 문제가 생기기 시작했다. 그래서 2008년도에 이렇게 선언한 적이 있다.

"지금 우리 교회가 본질을 잃어버렸습니다. 이렇게 믿을 것이라면 다 교회를 나가십시오! 이렇게 신앙생활을 할 것이라면 다 교회를 떠나십시오."

예수 그리스도의 십자가를 잃어버린 교회, 예수 그리스도의 십자가 대속, 피 흘림의 냄새가 사라진 교회. 그런 교회는 빨리 망해야 한다. 교회는 예수가 길이요 진리요 생명임을 전하는 곳, 그런 교회만이 살아나야 한다.

무릎이 망가지고 나니 서 있기가 힘들고 고통스럽다. 1부, 2부 예배를 설교하고 나면 무릎을 세워 서 있기도 힘들다. 무릎이 아프다 보니 여기저기서 좋은 의사와 치료 방법을 알려 주시는 분들이 많다.

"목사님, 저도 무릎 때문에 고생 많이 했어요. 꼭 그 병원에 가서 치료받아 보세요!"

"목사님, 무릎에 좋은 약이 있어요. 꼭 드세요!"

자신이 아파 봤기에, 자신이 나아 봤기에, 자신이 고통 속에서 구원을 받아 봤기에 동일한 고통을 받는 내게 자신 있게 소개하는 것이다. 이것이 바로 전도이다.

우리의 최선은 최대한 많은 사람이 모여 구원받는 것이다. 최선을 다하자.

일평생 예수를 비방하고 살던 분이 60세가 넘어 예수를 믿게 되었다. 우연찮게 방송 설교를 듣고 밤새 편의점에서 일하고 두 시간 넘게 버스를 타고 우리 교회에 예배를 드리러 왔다가 예수님을 만났다. 그분이 석 달째 되던 때에 감사헌금을 이렇게 써서 올렸다.

'하나님, 나 진정한 예수쟁이 되게 해 주세요.'

이 감사의 글을 읽고 눈물이 났다. 목사도 이렇게 하기 쉽지 않은데 신앙생활 시작한 지 석 달도 안 된 분의 신앙고백에 목이 메었다. 그렇다. 우리의 신앙이 다 이렇게 되어야 하지 않는가?

잘되는 것만이 정말 간증인가? 망해도 예수님을 끝까지 붙들고 감사할 수 있다면 그것이 신앙의 본질을 따르는 제자의 길이다. 물론 예수 믿고 사업이 잘되고, 아이도 낳고, 자녀도 시험에 합격하면 좋다. 부자가 되고 승진을 하는 것도 축복이다. 그런데 정반대로 안 된다고 할지라도 하나님을 버리지 않고 따를 수 있다면 그것이 진짜 성도 아닌가?

어느 순간 무엇이 진정한 축복인가 고민하지 않을 수 없었다. 흥하는 것도 망하는 것도, 넘어지는 것도 세워지는 것도 하나님의 뜻이라면 감사하며 가는 것, 이것이 진정한 성도의 신앙이다.

실제로 있었던 이야기이다. 어느 교회 목사님께 가게를 하시던 집사님이 예배를 요청하셨다. 가만 생각해 보니 개업예배 드린 지 얼마 안 되는 가게였다.

"집사님, 무슨 예배요? 개업예배 드린 지 얼마 안 됐잖아요."

"아, 목사님, 폐업예배요. 우리 가게가 망했어요."

"네?"

목사님은 한 대 얻어맞은 기분이었다. 안타까워서 위로예배는 못 드릴망정 가게에서 폐업예배라니, 이게 웬 날벼락이란 말인가! 전 세계에서 폐업예배를 인도하는 목사는 없을 것이다.

"목사님, 괜찮아요. 흥해도 망해도 하나님께서 인도하시는 것인데, 또 다시 시작하면 돼요. 폐업예배를 인도해 주세요."

목사님은 그 가게 폐업예배를 인도했다. 하나님을 원망하지 않고 망하게 하신 하나님을 끝까지 붙들었다. 이것이 피 묻은 예수 그리스도의 십자가 복음에 사로잡힌 진짜 믿음 아닌가?

예배의 현장과 말씀의 현장을 떠난 사람은 2, 3주만 지나도 눈빛이 바뀐다. 활활 타오르는 장작더미에서 타오르던 장작 몇 개를 꺼내 보라. 금방 불이 꺼져 버린다. 교회를 떠난 자들, 믿음을 버린 자들, 말씀을 떠나 거역하는 자들의 신앙은 금방 식어 버린다. 진짜는 교회를 떠나서는 안 된다. 이런저런 이유로 교회를 떠나는 사람들, 메시지가 자기 맘에 안 들고 싫다고 거역하고 떠나가는 사람들. 십자가의 피 묻은 복음을 받은 사람들은 어떠한 처지나 환경이 되어도 절대로 떠나갈 수 없다.

그래서 늘 깨어 기도하기를 힘써야 한다. 말씀이 기도를 지지해 주고, 말씀의 순종을 통해 주님을 만나게 되는 것이다. 주님도 말씀을 따라 기도하셨다.

눅22:39

예수께서 나가서 습관을 따라 감람 산에 가시매 제자들도 따라 갔더니

예수님은 기도를 습관처럼 하셨다. 하루 하고 끝낸 것이 아니다. 끊임없이 기도하셨다. 계속하셨다. 예수님께서는 제자들이 십자가를 지시기 전날 밤, 유혹에 빠지지 않도록 기도하기를 원하셨다. 그러나 그렇게 믿음이 좋던 베드로는 이 기도의 때를 놓쳤다. 결과는 어떻게 됐는가? 예수님을 세 번 부인하고 배반했다. 기도가 없어 무너지고 망한 것이다. 그러나 예수님은 겟세마네 기도를 통해 순종을 완성하셨다. 그리고 십자가를 피하지 않으시고 마침내 십자가를 지셨다.

이런 설교를 하면 싫어한다. 많은 사람들이 떠나간다. 자신의 귀에만 듣기 좋은 마사지 설교에 익숙한 사람들. 듣고 싶은 것만 들으려는 사람들. 교회는 이래야 된다고 자신이 기준을 정하고 다니는 사람들, 기준이 조금이라도 틀어지면 교회 욕을 하고 떠나가는 사람들. 분명 이런 가슴 아픈 모습들이 날마다 일어나는 곳이 바로 교회이다. 그러나 그렇다고 해서 우리의 설교가, 우리의 피 묻은 십자가의 삶이 결단코 멈춰져서는 안 될 것이다.

여러분, 이제는 내가 없어져야 합니다.

내 주관이 없어져야 합니다.

내 감정이 사라져야 합니다.

내 욕심이 없어져야 합니다.

내 관계도 흔적을 감춰야 합니다.

내 사상도 취향도 기호도 없어져야 합니다.

내 자존심도 없어져야 합니다.

오직 하나님을 향해 나아오는 발걸음을 기뻐하십시다.

내 육신의 떡을 위해 나아오는 발걸음은 단호히 거절하십시다.

우리가 신앙을 선택한 이유가 무엇인가? 교회에 다니는 이유가 무엇인가? 오늘 예배드리는 당신의 마음의 중심에는 무엇이 있는가? 오직 예수! 십자가의 감격이 있어야 한다. 다른 것 다 내려놓아야 한다. 이젠 내 모든 것을 내려놓고 오직 예수님만 찬양하자. 그게 신앙이다.

이제는 내가 없고 오직 예수님만

내 안에 살아 계신 오직 예수님만

찬양하며 살리라

예배하며 살리라

내 안에 계시는 오직 예수님만

이 찬양이 여러분들과 가정에 교회 위에 늘 넘치기를 간절히 바란다.

하나님의 캐스팅에 응답하라

유라굴로 광풍 속에서 사도 바울은 그 배에 있는 276명의 생명을 살리신다는 하나님의 약속을 전했다. 하나님께서는 삶의 광풍, 시대의 처절함, 고난의 거친 파도 가운데에서 갈 바를 몰라 방황하는 인생들에게 살길을 인도하는 영적 리더, 시대의 영웅을 세우시고 그를 통해 수많은 생명을 살리신다.

요셉은 야곱의 가족 70인을 살렸다. 애굽 땅을 7년 기근에서 구했을 뿐만 아니라, 주변에 살던 많은 민족들까지 구원해냈다. 모세를 보라. 모세는 430년 동안 애굽에게 종노릇하던 이스라엘 민족을 구원해냈다. 다윗은 블레셋의 골리앗 장군으로부터 나라를 위기에서 구해냈다. 에스더는 유대민족의 멸절의 위기에서 "죽으면 죽으리라!"는 각오로 민족을 구한 여인이 되었다.

위기가 있다면 그 위기를 건질 영적 히어로를 하나님께서는 반드시 부르시고 준비시키신다. 여러분의 가정의 위기를 이겨낼 주인공으로 당신을 선택하신 줄 믿는다. 교회의 어려움과 영적 위기를 극복할 위대한 히어로로 당신을 택한 줄 믿으시기를 바란다.

이 시대는 절망의 시대이다. 갈등과 해체, 극단으로 치닫는 분노의 세대를 이겨낼 영적 영웅은 바로 당신이다. 그렇다. 하나님의 부르심에 응답할 영웅은 바로 당신이다.

1. 영웅은 의외의 초라함으로 변장해 있다

하나님은 미련하고 약하며, 천한 자를 택하여 지혜롭고 강하고 존귀한 자들을 부끄럽게 하신다.

고전1:27~29

그러나 하나님께서 세상의 미련한 것들을 택하사 지혜 있는 자들을 부끄럽게 하려 하시고 세상의 약한 것들을 택하사 강한 것들을 부끄럽게 하려 하시며 하나님께서 세상의 천한 것들과 멸시받는 것들과 없는 것들을 택하사 있는 것들을 폐하려 하시나니 이는 아무 육체도 하나님 앞에서 자랑하지 못하게 하려 하심이라

또 하나님께서는 내가 약할 때 오히려 강함을 주신다.

고후12:10

그러므로 내가 그리스도를 위하여 약한 것들과 능욕과 궁핍과 박해와 곤고를 기뻐하노니 이는 내가 약한 그때가 강함이라

할리우드 영화의 주인공들을 보라. 모두 약하다. 쿵푸팬더는 미련하고 뚱뚱한 곰이다. 그러나 어떻게 되는가? 절대무공을 익혀 마침내 무림을 평정한다. 슈퍼맨은 뿔테 안경을 쓴 어리바리한 잡지사 기자로 나온다. 스파이더맨은 학교에서 왕따를 당하는 작고 연약한 소년

이다.

사도 바울은 압송되어 가는 죄수 신분이었다. 그런데 대로마제국의 아구사도대(황제의 군대)가 사도 바울을 인솔해 로마로 향하고 있었다. 아구사도대는 로마 최고의 엘리트 장교들로 구성된 황제 직속의 부대였다. 말이 되는가? 일개 죄수를 황제 직속부대가 호위해 가고 있다니!

다윗은 아무도 거들떠보지 않던 소년이었다. 부모조차 별다른 관심을 갖지 않던 아이였다. 그러나 위기의 시대에 나타난 골리앗을 단번에 때려 눕혀 시대의 영웅이 되었다.

요셉은 12형제 중 11번째로 태어났지만 11형제와 아버지를 구했다. 뿐만 아니라 애굽 땅과 인근 지역에 살던 민족까지 기근에서 구원했다. 무기수로 감옥에서 복역 중인 죄수가 애굽의 총리가 되었다는 사실이 믿겨지는가?

모세는 80세 할아버지가 되었을 때에 하나님께서 불러 사용하시기 시작했다. 그는 말도 어눌했고, 세상과 담을 쌓고 양치기로 40년간 광야에서 지내야 했다. 그런 양치기를 하나님께서 크게 사용하신 것이다.

나는 초라하지만 나에게 주신 하나님의 능력은 결코 초라하지 않다. 가장 위대하다!

나는 내가 생각하는 것보다 더 크고 위대한 하나님의 위대한 병기이다!

나의 초라함과 연약함으로 인해 영적으로 위대한 영웅으로 부르시는 하나님의 부르심에 응답하지 못하는 어리석음이 없기를 간절히 축원한다.

2. 영웅은 부정의 상황 속에서도 긍정을 외친다

사도 바울은 풍랑 속에서 떨고 있는 사람들에게 희망의 메시지를 전한다.

"아무도 다치지 않습니다. 먹고 힘을 냅시다(행27:20~21, 34~36)."

다윗은 긍정의 아이콘이었다. 골리앗과의 싸움에서 어떤 상황에도 주눅이 들거나 포기가 되지 않았다. 도리어 용기백배하여 골리앗과 싸웠다. 골리앗의 겁박에 놀란 사울왕을 보고 다윗은 이렇게 위로한다.

삼상17:32

그로 말미암아 사람이 낙담하지 말 것이라 주의 종이 가서 저 블레셋 사람과 싸우리이다

사울왕은 쫄았던 자신의 소신(?)을 굽히지 않는다. 도리어 다윗을 나무란다.

삼상17:33

네가 가서 저 블레셋 사람과 싸울 수 없으리니 너는 소년이요 그는 어려서부터 용사임이라

세상에 어려서부터 용사인 사람이 어디 있는가? 하지만 지레 겁먹

은 사울왕은 골리앗은 어렸을 때부터 용사라 굳게 믿고, 다윗을 나무란다. 그러나 우리 다윗, 믿음의 사람은 다르다.

삼상17:34~36
주의 종이 아버지의 양을 지킬 때에 사자나 곰이 와서 양 떼에서 새끼를 물어 가면 내가 따라가서 그것을 치고 그 입에서 새끼를 건져내었고 그것이 일어나 나를 해하고자 하면 내가 그 수염을 잡고 그것을 쳐 죽였나이다 주의 종이 사자와 곰도 쳤은즉 살아 계신 하나님의 군대를 모욕한 이 할례 받지 않은 블레셋 사람이리이까 그가 그 짐승의 하나와 같이 되리이다

다윗은 사자와 곰도 때려잡은 전적을 이야기해주었다. 한걸음 더 나아가 하나님의 군대를 모욕한 할례 받지 못한 블레셋 사람을 반드시 쳐 죽일 것을 말하고 있다.

어둠이 짙을수록 칠흑같이 어둡고, 암울할수록 별빛은 더욱 선명하게 빛난다. 시대가 너무도 극단적이고 부정적이고 비관적으로 흐르고 있다. 이런 부정의 광풍, 우울의 바람이 거센 시대에 긍정의 말을 하며 살아간다면 하나님 앞에 더욱 빛나는 삶을 살게 될 것이다.

3. 영웅은 헌신과 희생의 선봉에 선다

유라굴로 광풍에 사람들은 갈 바를 알지 못한다. 사공들은 배를 떠나 혼자 살겠다고 거룻배를 띄우려 든다(행27:30). 사울은 그것이 죽는

길임을 잘 알고 있었다. 지금은 믿음의 사람인 바울의 말을 따라야만 살 수 있다. 이 시대도 마찬가지다 그리스도인의 말을 믿고 따르지 않는다면 다른 사람들은 자신들이 믿는 종교 신념을 따르다가 멸망하고 말 것이다. 바울은 그래서 이렇게 말한다.

행27:31
이 사람들이 배에 있지 아니하면 너희가 구원을 얻지 못하리라

군사들은 바로 거룻줄을 끊어 떼어버린다(행27:32). 오랜 뱃생활의 경험에서 나온 노련함과 노하우가 우리의 생명을 보장해주는 것이 아니다. 하나님의 인도함을 받는 바울의 말씀만이 이 사람들의 생명을 좌우하는 것이다.

항해에는 일자무식에 불과했던 사도 바울이었지만 그는 하나님의 인도하심을 받는 믿음의 사람이었다. 그런 사람만이 이 시대의 영웅으로 수많은 멸망할 사람들을 인도할 수 있는 것이다. 사도 바울은 일단 살기 위해 배를 가볍게 해야 함을 알았다. 그래서 먼저 그들의 양식이었던 밀을 충분히 먹고 남은 것은 다 버렸다.

행27:38
배부르게 먹고 밀을 바다에 버려 배를 가볍게 하였더니

언제까지 이 풍랑에 떠내려갈지 모르는데 식량인 밀을 버리라는 것

은 대단한 용기가 필요했다. 확신이 필요했다. 운명공동체로 모든 다른 가능성을 버릴 수 있는 용기, 그는 온갖 고난을 경험했기에 그들을 지휘하고 생명으로 인도할 수 있었다.

고후11:23~27

그들이 그리스도인의 일꾼이냐 정신없는 말을 하거니와 나는 더욱 그러하도다 내가 수고를 넘치도록 하고 옥에 갇히기도 더 많이 하고 매도 수없이 맞고 여러 번 죽을 뻔하였으니 유대인들에게서 사십에서 하나 감한 매를 다섯 번 맞았으며 세 번 태장으로 맞고 한 번 돌로 맞고 세 번 파선하고 일주야를 깊은 바다에서 지냈으며 여러 번 여행하면서 강의 위험과 강도의 위험과 동족의 위험과 이방인의 위험과 시내의 위험과 광야의 위험과 바다의 위험과 거짓 형제 중의 위험을 당하고 또 수고하며 애쓰고 여러 번 자지 못하고 주리며 목마르고 여러 번 굶고 춥고 헐벗었노라

특히 고린도후서 11장 25절에 보면 세 번 파선하고 일주야를 깊은 바다에서 지냈던 경험이 있었음을 알 수 있다. 사도 바울은 수많은 고난의 경험을 통해 살아갈 수 있는 지혜와 능력을 소유할 수 있게 되었다.

에스더는 자신의 때가 되었을 때 죽음을 각오하고 규례를 어겨가며 왕을 찾아 유대민족을 살려줄 것을 결심하고 모르드개에게 3일간 유

대민족이 금식할 것을 요청한다.

에4:16

당신은 가서 수산에 있는 유다인을 다 모으고 나를 위하여 금식하되 밤낮 삼일을 먹지도 말고 마시지도 마소서 나도 나의 시녀와 더불어 이렇게 금식한 후에 규례를 어기고 왕에게 나아가리니 죽으면 죽으리이다

에스더는 자신의 목숨도 내놓았다. 죽을 각오를 한 그녀의 희생은 이스라엘 민족을 영원한 멸절에서 구원할 수 있었다.

다윗도 보라. 수많은 사람들의 조롱과 방해에도 불구하고, 골리앗을 이기고 전진한다. 마침내 이스라엘의 왕이 된다.

V 형태로 나는 기러기들은 이유가 있다. 맨 선두에 선 기러기는 모든 공기의 저항을 온몸으로 맞으며 기류를 만든다. 맨 선두 기러기의 날갯짓에 생긴 상승 기류는 뒤에 있는 기러기에게 30%의 힘만 들여도 날아갈 수 있는 추진력을 만든다. 리더의 희생으로 나머지 뒤따르는 기러기들은 70% 이상의 거리를 더 날아갈 수 있게 되는 것이다. 그래서 리더 기러기 자리를 번갈아가며 다른 기러기가 바꿔주어 잠시 쉬게 한다. 힘이 들 때면 "끼룩, 끼룩!" 크게 울어주며 대장을 응원하는 것이다.

4. 하나님을 의지하는 담대함

행27:23~25

나의 속한 바 곧 나의 섬기는 하나님의 사자가 어제 밤에 내 곁에 서서 말하되 바울아 두려워하지 말라 네가 가이사 앞에 서야 하겠고 또 하나님께서 너와 함께 항해하는 자를 다 네게 주셨다 하였으니 그러므로 여러분이여 안심하라 나는 내게 말씀하신 그대로 되리라고 하나님을 믿노라

사도 바울은 그의 사명이 이루어지기 전까지 반드시 살 것에 대한 확신과 하나님께서 함께 항해하는 자들을 살려주실 것을 확신을 가지고 전했다. 하나님을 의지하는 담대함이 있었기에 가능한 것이었다. 그리스도인이 이 세상에서 당당하고 확신을 가지고 살 수 있는 이유는 하나님의 약속하신 말씀 때문이다. 그리스도인을 반드시 붙들고 이기게 해주신다는 확신 때문이다. 다윗도 승리를 경험했다. 오직 승리의 주역이 되었다.

삼상17:45~47

다윗이 블레셋 사람에게 이르되 너는 칼과 창과 단창으로 내게 나아오거니와 나는 만군의 여호와의 이름 곧 네가 모욕하는 이스라엘 군대의 하나님의 이름으로 네게 나아가노라 오늘 여호와께서 너를 내 손에 넘기시리니 내가 너를 쳐서 네 목을 베고

블레셋 군대의 시체를 오늘 공중의 새와 땅의 들짐승에게 주어 온 땅으로 이스라엘에 하나님이 계신 줄 알게 하겠고 또 여호와의 구원하심이 칼과 창에 있지 아니함을 이 무리에게 알게 하리라 전쟁은 여호와께 속한 것인 즉 그가 너희를 우리 손에 넘기시리라

다윗도 오직 하나님만을 의지하며 골리앗에게 맞섰다. 담대하게 블레셋 족속의 패배와 심판을 예언하며 나아간다. 어린 양치기 소년에 불과했던 그의 말을 아무도 믿지 않았다. 그러나 하나님만 의지하고 담대하게 나아갈 때에 골리앗이 무너지고, 블레셋 군대가 무너졌다. 하나님을 의지하는 담대한 자만이 승리할 수 있는 것이다.

하나님께서는 우리를 승리의 영웅으로, 역전의 영웅으로 선택하셨다. 세상에서 패배만 당하고 부러워만 하다가, 루저로만 살다가 드디어 우리를 위너의 삶을 살도록 캐스팅하신 것이다. 하나님의 캐스팅에 언제까지 숨고 움츠린 채 루저로 살 것인가? 아니면 당당히 응답하여 승리의 삶을 살 것인가? 선택은 바로 우리의 결정에 달려 있다.

악인들을 보면 굉장히 똑똑하다. 아이큐가 보통 150이 넘는다. 기발한 무기도 개발하고 기발한 계획도 악인의 머리에서 나온다. 반면 주인공 영웅은 그리 똑똑해 보이지도 않는다. 평범해 보이다 못해 모자라 보이기도 하다. 악인은 게다가 굉장히 노력한다. 성실하다. 열정적이며 열심히 따를 자가 없다. 반면 주인공 영웅은 악인에 비하면 게을러(?) 보이기까지 하다. 한마디로 부족하다. 그래도 영웅이 이긴다.

부족하고 모자라고 해도 승리는 영웅의 몫이다. 왜 그런가? 영웅은 진리를 따르고 악인은 거짓을 따르기 때문이다. 우리는 무엇을 따르는 자들인가? 영원한 생명이요 진리요 길이신 예수 그리스도를 선택하고 따르는 자들 아닌가?

상황이 아무리 어려워도, 칠흑같이 어두워도 하나님께서는 우리를 승리의 주역으로 캐스팅 하셨음을 잊지 말고 당당히 세상에 맞서고 죄악에 맞서 승리하는 삶을 사시기를 간절히 축원한다.

3

정말 멋진 일들을 바란다면

정말 멋진 일들을 바란다면

기초를 세움에 목숨을 걸라

우리나라는 새해가 두 번 시작되는 좋은 점이 있다. 그때마다 결단할 수 있기 때문이다. 양력으로 한 번, 음력으로 한 번 하나님께 감사를 드리지 않을 수 없다. 양력 때 기회를 놓쳤다면 음력 때 다시 한 번 마음을 가다듬고 시작해야 한다. 우리의 삶도 신앙의 근본이 잘 세워지고 기초가 튼튼하게 정리되는 축복의 한 해로 만들어야 한다.

공부를 잘해서 수석을 차지한 아이들이 입시 때마다 하는 재수 없어 보이는 말이 있다.

"과외는 안 했고요, 국영수 중심으로 교과서에 충실하고, 특히 선생님 수업 시간에 집중했어요."

여기에 결정타가 한 방 꼭 있다.

"잠은 충분히 잤고요. 히히히……."

우리를 미치게 만드는 모범 답안이다. 하지만 수석 학생들이 우리를 미치고 환장하게 만들려고 거짓말을 하는 것일까? 아니다. 그 학생의 말이 진실이다. 재수 없다고 빈정 상할 일이 아니다. 국영수를 중심으로 집중하여 모든 공부의 핵심인 교과서를 완벽하게 이해하고 난 뒤, 다양한 문제집을 통해 문제 유형을 접해야 진정한 자신의 지식이 되는 것이다. 기초를 잘 닦아야 지식도 쌓인다. 무조건 문제집만 많이 풀어서 일시적으로 점수를 올릴 수 있을지는 몰라도 장기적으로 보면 비효율적이고 그 성장에 한계가 있다. 교과서의 핵심 원리(기초)를 완벽하게 이해한 후 많은 문제를 접하게 되면 그 한계를 뛰어넘는 지식의 주인공이 되는 것이다.

신앙도 마찬가지다. 신앙생활 가운데 여러 가지 분주하게 신경 써야 할 것들이 한두 가지가 아니다. 항상 기초와 기본을 혼동하지 않게 확실하게 견고히 한 후에 다른 모든 일들이 이루어져야 할 줄로 믿는다. 건축을 할 때는 반드시 다림줄을 사용한다. 지금은 레이저로 대체하지만 원리는 같다. 중력이 작용하는 수직 방향, 힘의 방향이 틀어지지 않게 바로잡아 주는 장치다. 건물의 기초를 세울 때 다림줄을 사용하지 않으면 틀어져서 아무리 튼튼하게 높게 쌓는다고 해도 바로 무너지게 되어 있다. 근본을 바로잡는 것은 기초 중의 기초이다. 기초가 잡힌 건물은 안정감이 있고, 절대로 무너지지 않는다.

2014년 5월, 아산에서 7층짜리 오피스텔 건물이 20도가량 기울어졌다. 거의 완성한 이 건물은 바로 옆 건물과 같은 설계로 지은 것이었다. 그러나 옆 건물과는 대조적으로 20도 이상 기울어졌다. 조사 결과, 논에 물을 대던 물웅덩이 위에 흙만 대충 채워 막고 말뚝을 촘촘히 박아 기초를 보강하지 않고 지은 것임이 밝혀졌다. 결국 이 건물은 허물어지고 말았다. 기초가 얼마나 중요한지를 보여 주는 사건이 아닐 수 없다.

중국에는 두부공정이라는 말이 있다. 건물을 속전속결로 지어 대서 두부처럼 흐물흐물 무너져 내리기 때문이다. 슈퍼맨도 아닌데 벽을 주먹으로 치면 구멍이 나는 건물, 문 역시 손으로도 쉽게 뜯어진다. 종이로 만들었기 때문이다. 건물의 본질을 무시하고 겉만 번지르르하게 색칠한 엉터리 기초 때문이다.

십자가 보혈이라는 본질 위에 말씀의 기둥과 기도의 보, 예배라는 아름다운 방을 만드는 신앙의 건축을 멈추지 말아야 할 것이다. 기초로 돌아가라는 'Back to the Basic'을 가슴에 새기고 본질을 바로 세우는 신앙의 삶이 이어져야 한다. 안 그러면 신앙도 무너진다.

미국의 건축가 프랭크 로이드 라이트는 1890년 도쿄 임페리얼 호텔 건축을 의뢰받았다. 기초공사만 2년이 걸렸다. 건축 비용은 두 배로 늘었다. 그는 주변의 비아냥거림과 낭비라는 비난에도 꿋꿋하게 2년 동안 건물을 건축했다. 드디어 4년 만에 공사가 완료되었다. 그러나 긴 공사 기간과 늘어난 비용으로 인해 실패한 건축물의 대표적인 상징으로 도쿄 임페리얼 호텔은 건축인들 사이에 입방아에 오르내리곤 했다. 그런데 역사적 반전이 일어났다. 62년이 지난 1952년 도쿄 대지진이 일어났을 때, 대부분의 건물과 도로가 파괴되었건만 임페리얼 호텔만이 당당하게 서 있었던 것이다. 그 뒤부터 프랭크 로이드 라이트는 건축업계의 신화적인 인물이 되었다.

그와 반대로, 경주종합경기장 건설 당시 이야기다. 경주시는 종합경기장 부지를 마련하여 건설을 시작하였다. 기초공사를 하던 중에 땅을 파니 쓰레기 더미가 쏟아져 나왔다. 불법으로 매립한 정체불명의 쓰레기들이 경기장 부지 아래에 가득했다. 제대로 된 쓰레기 매립지는 철저한 분리수거 및 관리로 10여 년이 지나면 자연스럽게 지반이 단단해져서 그 위에 건축을 해도 무리가 없다고 한다. 하지만 쓰레기가 불법으로 매립된 곳은 지반이 안정적이지 않아서 대단히 위험하다. 그래서 경주시는 불법 쓰레기를 다시 파서 처리해야 했다. 경기장 건축 예산이 당시 48억 원이었는데, 쓰레기 처리 비용만 50억이 들었다는 배보다 배꼽이 더 커진 황당한 사건이었다.

우리는 신앙의 중대한 기초에 교만의 쓰레기를 채우고 있지는 않은가? 경험의 세련됨과 능숙함, 익숙함의 많은 프로그램과 시스템의 쓰레기들로 가득 차 있지는 않은가? 위장된 경건과 거룩의 열정과 뜨거움이 사장된 냉랭한 감정과 관계의 쓰레기들이 삶의 기본에 가득 차 있지는 않은가? 예배의 중심에 이 쓰레기들을 가득 채운 채 그 허물어질 듯한 기초 위에 신앙의 집을 열심히 짓고 있는 어리석은 자들은 아닌가? 오늘 그 분주함을 멈추고 기초와 바닥을 다시 한 번 점검하여 처음부터 튼튼하게 세우기를 간절히 바란다. 더 늦기 전에…….

그렇다면 이제 우리가 세워야 할 신앙의 기초와 기본은 무엇인가?

목숨 걸고 회복해야 할 교회의 기초는 바로 십자가의 감격이다. 예수 그리스도의 보혈에 대한 감격의 눈물이다. 그 보혈의 감격을 지켜내고 유지하기 위해 반드시 필요한 기초와 근본이 바로 말씀과 기도이다. 이 기초만 확실하다면 지금은 볼품없어도, 지금은 인기가 없어도, 더디고 답답해 보일지라도, 그것이 가장 확실한 발걸음임을 믿어 의심치 말아야 할 것이다.

방향이 잘못된 열심은 방향만 바꾸면 된다. 그러나 기본과 기초가 바로 서지 않은 채로 진행되는 신앙생활은 방향은 맞는 것처럼 보여도 시간이 지날수록 위태함이요, 나중에는 영적 손실로 일순간 무너지고 하나님의 영광을 가리는 조롱거리가 될 수 있다.

기본이 바로 서지 않은 채 늘어난 지식은 재앙이다. 얼마 전 학교 교실에서 벌어진 사건에 경악을 금할 길이 없다. 선생님을 빗자루로 구타하고 조롱하는 고등학생들이 있는가 하면, 부천에 있는 어느 신학대학의 교수는 딸을 학대하고 구타·살해한 후 1년 동안 사체를 유기하기도 했다. 독일에서 박사 학위를 받고 신학생들에게 인기 있는 실력파 교수가 한 이러한 행동은 우리 상식으로는 도저히 납득이 안 간다.

1962년 화재가 시작된 미국 펜실베이니아 주의 콜롬비아 카운티에 있는 센트레일리아 마을은 지금도 불타고 있다. 이미 마을은 폐쇄되고 아무도 살지 않는 죽음의 도시가 됐다. 전문가들은 앞으로 250년간 더 타야 불이 꺼질 것이라고 예상하고 있다. 진압은 고사하고 향후 250년간 더 타야 꺼진다는 이 화재의 이유가 궁금하지 않은가? 바로 석탄 탄광에서 일어난 불이기 때문이다. 마을은 석탄 위에 있었는데, 석탄을 캐던 탄광에서 불이 붙은 것이다.

우리 신앙의 중심을 기도와 말씀으로 가득 채워 놓지 않는다면, 그 충실한 기초 위에 성령의 불이 떨어져 활활 타오르지 않는다면 다른 불이 붙어 탈지도 모른다.

모세의 형 아론의 네 아들은 제사장의 임무를 감당했다. 첫째 아들 나답과 둘째 아들 아비후는 하나님께서 주신 불을 사용하지 않고 다른 불을 향로에 담아 드리다가 즉사하고 말았다(레10:1). 다른 불은 기초가 없는 불이다. 기본이 없는 불이다. 재앙의 불이다. 결국 재가 될 불이다. 절망의 불이다. 좌절의 불이다.

기초가 없으면 재앙의 불을 만날 것이다. 실패한다. 그러니 기초를 바로 세우자. 기초는 아무리 강조해도 지나침이 없다.

성령의 불이 떨어져 세상 어떤 권세로도 막을 수 없고 깨뜨릴 수 없는 부흥의 불길이 일어나게 하자. 지금 당장의 화려함이나 부흥의 불길만을 요청하고 부르짖을 것이 아니라 부흥의 불길을 일으키고 지속시킬 만한 기도와 말씀과 순종의 광맥이, 우리 신앙의 삶인 제단 밑에 흐르게 하고 그것을 기도의 바람을 일으켜 불을 만들어야 할 것이다. 책임감 있는 지혜로운 성도가 되자.

능력에 맞는 일을 구하지 말고 일에 맞는 능력을 구하라

언제나 홍해는 건너기 너무 깊고
언제나 골리앗은 상대하기 너무 크고
언제나 미디안은 너무 많고
언제나 여리고 성은 너무 두껍다.

　필립스 브룩스는 '능력에 맞는 사명을 구하지 말고, 사명에 맞는 능력을 구하라'고 말하였다. 헌신과 사역 앞에 두려워하며 주저하는 성도들에게 주는 아주 명쾌한 신앙의 답변이 아닌가? 지금 읽은 성경 말씀의 에스더는 민족을 살릴 기회를 얻었을 때에 죽음을 불사하는 각오로 헌신한다. 에스더는 그 상황에서 민족을 살릴 도구로 사용될 수 없는 처지였다. 하지만 그녀는 영적인 결단을 한다. 상황 때문에 하나님의 명령과 사명을 거절하고 도망치지 않고, 하나님이 주신 사명을 이룰 수 있도록 능력을 달라고 간구하기 시작한 것이다.
　결과는 불 보듯 뻔한 것이었다. 하나님의 능력과 보호하심으로 그녀는 민족을 구하는 영웅이 되고, 기가 막히게 역전시키는 하나님의 역전승의 주인공이 된다.
　신앙의 위인들은 모두 그에 합당한 처지와 환경에 있던 자들이 아니다. 도리어 그들은 환경과 처지를 믿음으로 극복해 낸 자들이다.
　'최종병기 활'이란 영화에서 나오는 유명한 대사가 있다.

"바람은 계산하는 것이 아니라 극복하는 것이다."

활을 쏠 때 바람은 대단히 중요한 변수다. 거리가 멀수록 더욱 그렇다. 계산만 하는 자는 결코 명궁이 될 수 없다. 환경을 극복해야 명궁이 되는 것이다. 거꾸로 말해 신앙의 위인들은 우리가 느끼는 두려움과 사명의 회피, 불순종의 유혹을 모두 받았을 뿐만 아니라 이겨 낸 사람들이란 것이다.

모세는 말을 잘 못했다. 애굽을 살해하고 급히 도망하여 애굽 땅에서 벗어날 때에 대인기피증이 생겼을지도 모른다. 그는 입이 뻣뻣하고 혀가 둔한 자였다(출4:10). 그래서 그는 보낼 만한 자를 보내 달라고 간청했다(출4:13).

이사야도 "화로다 나여 망하게 되었도다. 입술이 부정한 자들 중에 하나님을 뵈었구나."라고 고백했다.

다윗도 "너는 칼과 단창으로 내게 나아오거니와 나는 만군의 여호와의 이름으로 네게 나아가노라."라고 하였다. 다윗은 칼도 단창도 없었다. 환경적으로는 최악이었다.

베드로는 "주여, 나를 떠나소서. 나는 죄인이로소이다!" 하고 외쳤다. 그는 하나님 앞에서 가진 것, 내세울 것 하나 없는 죄인에 불과했다.

사도바울은 '죄인 중의 괴수'라고 스스로를 불렀다. 환경적으로는 최악이었다.

하나님께서는 뻣뻣하고 아둔한 모세의 혀를 대신할 사람, 형 아론을 모세의 동역자로 붙여 주셨다. 그리고 능력의 지팡이를 주사, 이스라엘 백성을 인도하게 하셨다(출4:10-16). 그리고 부정하고 비관적인

이사야의 혀를 제단 숯불로 지져 버리시고 '내가 여기 있나이다 나를 보내소서' 하는 긍정적이고 순종적인 혀를 그에게 허락하시며 그 입술을 학자의 혀로 변하게 하셨다. 어리석고 능력이 없는 다윗의 볼품없는 물맷돌에는 하나님의 능력과 권능을 덧입혀 주셨다. 전쟁은 여호와께 속한 것인즉, 여호와의 구원하심이 칼과 창에 달려 있지 않다는 믿음을 가진 것이다. 확고하지 못했던 베드로의 불안정한 믿음도 반석처럼 견고하게 다지시고 그 위에 교회를 세우셨다. 사도바울은 스스로 이길 수 없는 선과 악의 싸움을 때로는 능력으로, 때로는 동역자로, 때로는 육의 가시로 그를 치시고 자고하지 못하도록 주님께 종속시킨 것이다.

하나님께 내 능력에 맞는 일을 구하지 말고 하나님의 뜻과 목적에 합당한 능력을 달라고 기도하는 지혜가 소유되기를 소망한다.

이 작은 '관점의 차이'와 '기도의 방향 선택'이 한 번의 삶의 질을 바꾸고, 평범함을 위대함으로 바꾸게 될 줄 믿는다.

대전의 어느 교회 목사님이 긴 한숨을 쉬며 상담을 요청해 왔다. 아들이 신학교에 다니는데 현재 사역을 쉬고 있다는 이야기를 들었다. 아들 전도사는 자신이 완벽하게 계획하고 준비되어야 움직이겠다고 선언하고 그 뒤로는 현재까지 아무 사역도 안 하고 있다는 것이다. 목회자의 가장 완벽한 독주 중 하나는 완벽주의다. 계획하고 준비해서 뭔가를 하겠다는 생각, 이 생각은 인본주의적이다.

신앙과 목회는 보고 가는 것이 아니라 믿고 나아가는 것이다. 믿음은 완벽하게 계획하고 대비해서 움직이는 것이 아니라 순종하며 나의 목자 되시는 하나님의 도우심을 의지하고 기대하는 것이다. 완벽한 계획과 준비로 움직이는 것은 경영이지 믿음이 아니다.

이런 식의 삶의 경영 자세는 결국 '내 일'밖에 할 수 없다. 결단코 죽을 때까지 '주의 일'은 할 수 없다. 왜냐하면 죽는 순간까지 완벽하고 시의적절한 사명과 순종의 때는 절대로 오지 않을 것이기 때문이다.

능력에 맞는 일을 구할 것인가? 일에 맞는 능력을 구할 것인가?

이 두 가지 중 하나의 선택은 다음 중 한 가지를 살게 되는 매우 중대한 결정이다.

내 수준의 삶을 살 것인가? 하나님의 고차원적인 세계를 경험할 것인가?

내 불순종에 하나님의 역사가 중단되는 것은 아니다. 설령 내가 사명을 감당하지 못해 나의 영적 몰락이 일어난다 할지라도 하나님의 뜻과 계획이 바뀌는 일은 없다는 사실을 명심해야 한다.

울산에서 극동방송 설교를 하면서부터 청취자들의 감사 문자가 쏟아지고 있다.

"목사님, 울산에 안 내려오시고 온양순복음교회를 개척 안 하셨으면 어떡할 뻔했어요. 아마 우리 가정은 신앙에서 떠났을 거예요."

아니다. 하나님은 당신을 선택하셨고 내가 아니더라도 어떻게든 살리시기로 계획하셨기 때문에 당신은 반드시 신앙생활을 하고 있었을 것이다. '개척의 두려운 명령에 안호성 목사가 순종하지 않았다면 온양순복음교회가 없었을 것이다'가 아니라, 또 다른 사람이 온양순복음

교회를 세웠을 것이다. 또한 지금 우리가 누리는 부흥과 축복과 영광의 주인공도 다른 사람을 통해 이루셨을 것이다.

교회 건축도 마찬가지다. 상황이 좋고, 모든 것이 완벽한 분위기일 때 이루어지는 것이 아니다. 교회 건축은 인간의 경쟁심이나 인간적인 야망으로 세워지면 반드시 망한다. 하지만 분명한 하나님의 뜻이라면 순종하고 건축할 수 있는 능력을 달라고 기도하여야 한다. 그 선택이 이제 건축의 완공을 눈앞에 둔 것이다.

영화 '해운대'를 만든 감독은 처음에 임창정을 주인공으로 염두에 두고 작품을 썼다고 한다. 하지만 임창정은 일곱 번이나 감독이 요청하였음에도 다른 촬영 일정이 겹친다며 거절했다. 그래서 그 영화가 안 나왔는가? 아니다. 다른 주인공이 캐스팅되어 1,000만이 넘는 관객을 동원하며 성공했다.

CBS의 신천지와의 담대한 싸움 역시 상황적으로 환경적으로 완벽하기에 시작한 것이 아니다. 하나님의 거룩한 뜻이요, 명령이기에 여러 가지 처지와 두려움을 극복하고 '죽으면 죽으리라' 하고 싸우고 있는 것이다. 만일 이때 CBS가 잠잠하면, 이때를 위해 준비하시고 세워두신 하나님의 입이 침묵하고 복음의 나팔수가 잠잠하면, 하나님은 그 뜻을 다른 데로 말미암아 이루시고 그들을 버리시는 것이다.

작은 교회를 살리기 위해 섬기는 것은 대단히 힘들고 외로운 일이다. 때론 감당하기 힘겹다. 하지만 능력을 달라고 기도한다. 사실 한국 교회를 깨우는 집회사역, 다섯 번의 건축과 여섯 번의 건축 계획을 세울 때 모두가 비웃었다. 하지만 능력을 구하고 나아갔더니 이루어졌다.

미사일 요격 시스템의 핵심은 바로 가이드 시스템에 있다. 가이드 시스템은 발사대를 떠나야 작동되기 시작한다. 떠나지 않으면 절대 작동하지 않는다. 하나님의 역사에 반응하는 것도 마찬가지다. 분명한 것은 아무것도 없으나 믿음으로 출발할 때에 하나님의 정확한 요격 시스템이 작용하는 것이다. 하나님은 돌들도 찬양하게 하실 수 있고, 아브라함의 자손들이 되게 하실 수 있다. 하나님 손에 잡힌 바 된 사람은 반드시 쓰임받을 수 있다. 능력에 맞는 일을 구하지 말고, 일에 맞는 능력을 구하시기를 바란다.

습기가 마르지 않도록 기도하라

어떤 교회가 복된 교회일까? 풍성한 열매와 결실이 있는 교회가 복된 교회일 것이다. 은혜의 열매, 축복의 열매, 기도 응답의 열매, 부흥의 열매와 결실이 풍성한 제단. 그런 교회가 되어야 한다.

성경의 씨 뿌리는 자의 예화는 공관복음 세 곳에 기록되어 있다. 마태복음 13장, 마가복음 4장, 누가복음 8장 등에 모두 기술되어 있는 말씀이다. 그러나 오늘 본문인 누가복음만이 '습기가 없으므로 말랐고'(6절)란 말씀이 나온다. 아무리 좋은 옥토와 환경이 있어도 충분한 수분이 있지 않으면 절대로 열매를 기대할 수 없다. 식물은 결실이 있기 위해서는 반드시 세 가지 조건이 있어야 한다. 첫째는 햇빛이요, 둘째는 씨앗이요, 셋째는 충분한 수분이다. 교회 부흥과 성장도 마찬가지이다. 햇빛과 같은 하나님의 은혜와 소망의 약속 없이는 절대로 부흥이 임하지 않는다. 또 변질되지 않고, 세상의 기조에 오염되지 않은 순수한 그리스도의 보혈의 혈통을 간직한 말씀의 씨앗이 있어야 한다. 그리고 충분한 수분이 공급된다면 씨앗은 백 배, 천 배의 결실을 맺게 될 것이다.

이 제단과 여러분의 가정도 수분이 없어 소망의 씨앗이 말라비틀어져 버리는 불행한 공동체가 되지 않기를 바란다. 언제나 충분한 수분을 머금고 있어 충만한 결실을 기대하는 복된 교회와 가정이 되기를 소원한다. 그렇다면 어떤 수분이 공급되어야 할까?

1. 기도의 눈물이 마르지 않아야 한다.

성경은 '눈물을 흘리며 씨를 뿌리러 나가는 자는 기쁨으로 거두리로다 울며 씨를 뿌리러 나가는 자는 반드시 기쁨으로 그 곡식 단을 가지고 돌아오리로다'(시126:5-6)라고 약속하셨다.

충청남도 공주의 한 농촌 마을을 지나갈 때마다 한 교회가 유독 눈에 띄었다. 가옥도 몇 채 되지 않는 시골 전경과는 전혀 어울리지 않게 당당하고 우뚝 서 있는 교회라 볼 때마다 궁금했다.

'이런 시골에서 저 교회는 어떻게 저렇게 잘 성장했을까?'

아버지 목사님께로부터 그 교회의 부흥 이야기를 듣고서야 궁금증이 풀렸다. 그 교회에는 기독교가 전해진 초기에 예수님을 영접한 한 권사님이 계셨다. 그분께서는 매일같이 새벽기도를 드렸단다. 4시 새벽예배를 드리기 위해 새벽 2시에 출발해서 산 두 개를 넘어 하루도 빠짐없이 기도의 눈물을 흘렸다. 그 먼 거리에서 기도하기 위해 땀과 눈물을 흘리며 수고하고 애쓴 것이다. 지금도 그 교회의 부흥을 이야기할 때는 누구나 그 권사님의 기도를 빼지 않고 이야기한다고 한다. 우리 교회 황경주 안수집사님 외할머니도 외손주를 위해 돌아가시는 날까지 새벽예배를 드리며 기도하셨다. 기도의 눈물이 마르지 않는 자는 교회와 개인의 부흥이 동시에 이루어진다.

교회를 다니지 않는 사람도 잘 아는 성자가 있다. 그의 이름은 어거스틴이다. 사람들은 그 이름 앞에 거룩하다는 의미의 성(聖) 자를 붙여 '성 어거스틴'이라고 부른다. 젊은 시절의 그는 방탕했다. 많이 배웠지만 이단교에 빠지기도 했고, 창녀와 아이를 낳기도 했고, 술과 음행으로 아까운 젊은 시절을 허비하고 있었다. 기독교를 저주하고 박해하던 그가 어느 날 주님께로 돌아와 성 어거스틴이 되었다. 성 어거스틴은 자신의 학문적 재능을 사용해 당시의 수많은 기독교 이단들과 논쟁하며 기독교의 순수한 교리를 지키는 데 큰 기여를 하였다. 그런데 그의 뒤에는 눈물로 기도한 어머니 모니카 여사가 있었다. 매일 밤 그녀는 눈물로 범벅이 될 정도로 아들이 주께로 돌아오기를 가슴이 시퍼렇게 멍이 들 정도로 치며 기도하였다. 하나님께서는 눈물의 기도를 외면하지 않으시고 어거스틴을 돌아오게 하시고 크게 사용하셨다.

예수님은 십자가의 고난을 준비하시며 겟세마네 동산에 오르셔서 기도하셨다. 얼마나 간절히 기도했던지 땀방울이 핏방울이 되어 땅에 떨어졌다고 성경은 말한다(눅22:44).

당신은 하나님의 나라와 의를 위해, 주님의 목적과 계획의 성취를 위해 간절히 기도하며 눈물을 흘려 본 적이 있는가? 교회를 위해, 목회자를 위해, 복음의 지경과 확장을 위해, 부흥을 위해 눈물 뿌려 기도한 적이 얼마나 오래되었는가? 건성건성 의무감에 눈물이 마른 채 기도하고 있지는 않은가? 당신의 눈물의 기도가 회복되기를 간절히 바란다.

2. 봉사와 섬김의 땀방울이 마르지 않아야 한다.

존 워너 메이커는 미국의 유명한 백화점왕이다. 또한 미국 23대 대통령인 해리슨 때에 체신부 장관까지 지낸 사람이다. 그런데 그의 학력은 초등학교 3학년 중퇴가 전부였다. 그러한 그가 어떻게 백화점왕과 장관이 될 수 있었을까? 어린 시절의 한 사건 때문이다.

열 살 때의 존은 비 오는 날이면 비가 샐 정도로 낡은 교회 건물과 진흙탕이 되는 교회 앞마당이 늘 안타까웠다. 그래서 벽돌공으로 일하는 아버지를 도와 하루 종일 일하는 대신, 임금 대신 벽돌 몇 장을 받아 왔다. 그는 받아 온 벽돌을 교회 앞마당에 조금씩 깔기 시작했다. 그렇게 새벽마다 몰래 하던 일을 목사님이 우연히 보게 되었다. 이 소문은 삽시간에 교회에 퍼졌다. 이에 스스로 부끄러움을 느낀 교인들이 감동하여 교회 건축헌금을 내기 시작했다. 낡고 진흙투성이였던 교회는 새롭게 건축되었고, 더 이상 교인들은 진흙을 밟지 않아도 되었다.

그의 봉사와 섬김의 열정은 벽돌 몇 장으로 끝나지 않았다. 그는 21살이 되던 해, 그동안 모았던 전 재산을 털어 상가를 얻고 베다니 주일학교를 세웠다. 27명의 아이들로 시작하였는데 동네 불량배들이 찾아와 건물을 부수고 행패를 부리기도 하였다. 이후 40년이 흐르는 동안 주일학교는 만 명이 넘었고, 교사가 1,500여 명에 이르는 세계 최대 규모의 주일학교로 성장하였다. 그는 평생을 교회학교를 섬기고 성장시켰으며 수많은 교회를 세우고, 선교와 관련된 사업에 자신의 재산을 모두 사용하였다. 체신부 장관을 할 당시에도 주일성수를 전제하고 수락하였다고 한다.

어느 기자가 물었다.

"장관직이 중요합니까? 아니면 주일학교가 중요합니까?"

"주일학교는 본업이고, 장관직은 부업입니다. 제가 주일에 하나님을 만나는 것은 이미 오래전부터 지켜 온 하나님과의 약속입니다. 하나님과의 약속을 소홀히 하면서 어떻게 국민들과 대통령과의 약속을 지킬 수 있겠습니까?"

3. 희생의 핏방울이 마르지 않아야 한다.

2,000년 기독교 역사 가운데 희생의 핏값 없이 세워진 교회, 희생의 대가 없이 부흥한 민족은 단 하나도 없다. 기독교의 역사는 피 흘림과 희생의 역사였다. 사망의 권세에 매여 생명이 자랄 것 같지 않았던 강포한 죄악의 땅에 예수님의 보배로운 피가 퍼져 생명과 구원의 찬란

한 열매와 결실이 넘쳐나기 시작한 것이다. 이 땅의 부흥도 1866년 대동강변에서 흘린 토마스 선교사의 피로 시작되었다. 그는 영국 웨일즈에 있는 주민이 150명 남짓한 작은 시골마을 흘라노버의 하노버 교회에서 자랐다. 350여 년이 된 이 교회에는 지금도 11명이 주일을 성수하며 성도들이 예배를 드리고 있다. 27세의 젊은 나이에 흘린 순교자의 피가, 신사참배를 거부하며 단두대와 교수대에서 이슬처럼 사라져 간 수많은 순교자들의 피가 오늘날 교회와 대한민국을 세운 것이다. 그것이 현재 대한민국의 교회로 하여금 15만 선교사를 전 세계에 파송하는 가장 역동적인 영적 리더 국가로 부흥시켰음을 기억해야 할 것이다.

반대로 기독교가 전해진 지 460여 년이 넘고, 성경이 번역되어 정식으로 선교사가 들어간 지도 200년이나 된 태국은 아직도 기독교 인구가 1%를 넘지 못하고 있다. 태국은 동남아시아에서 유일하게 식민지 지배를 받지 않은 불교 국가였다. 그래서 많은 서구 열강들의 중립국 같은 위치에 있었으며 기독교나 기타 종교의 선교나 포교에 관용적인 정책을 취해 왔다. 그러나 개방적인 나라임에도 선교는 더디기만 하다. 95% 이상이 불교도인 태국에서 기독교 순교자는 정작 박해하는 불교인이 아니라 이슬람교도들에 의해서 나왔을 정도다. 왕실과도 좋은 관계를 유지했음에도 선교는 제자리걸음이었다. 왜일까? 희생의 피가 없었기 때문이다. 태국 현지에서 복음을 전하다 순교한 순교자의 비석이 두 명뿐이라는 사실은 이러한 현실을 잘 말해 주고 있다. 박해가 없는 곳은 결실도 없다. 심지어 그 두 사람은 교회에 가다가 차에 치어 죽은 사람이란다. 사실상 순교도 아니다.

우리나라의 양화진에 가서 순교자들의 묘역을 둘러보면 얼마나 많은 분들이 예수를 주로 시인함으로 인해 순교했는지 모른다. 이제 우리는 그 희생을 이어가야 한다. 피 흘림은 내 한계 이상을 포기하는 것이다. 내려놓는 것이다. 정말 아프고 상할 정도로 헌신하는 것이다.

결코 쉽지 않은 피 흘림의 희생을 하나님께서 우리에게 명령하실 때가 올 것이다. 그때 피 흘리기를, 헌신하기를, 희생하기를, 드리기를 주저하지 않는, 머뭇거리지 않는 성도와 교회가 되기를 간절히 기도한다.

효도! 해 봤어?

어느 화목한 김씨 집안이 있었다. 이씨 집안 할아버지가 화목의 비결이 무엇인지 배우고 싶어 김씨 할아버지께 질문했다.

"아니, 자네 집안은 어떻게 그렇게 행복한가?"

"별거 아닐세. 내가 하는 것을 잘 보게."

그렇게 하더니 집안 4형제를 모두 불러 모았다.

"오늘은 날씨도 좋으니 아버지가 지붕 위에 소가 네 마리 있는 모습을 보고 싶구나!"

형제들은 이 소리를 듣자마자 외양간에 가서 소 네 마리를 데려다가 사다리를 놓고 지붕 위에 올리려고 애를 썼다. 소가 사다리를 탈 수도 없을 뿐더러, 올릴 수도 없었다. 낑낑대는 모습을 본 이씨 할아버지는 이 진기한 광경에 웃음이 나왔다.

"아니, 이게 행복의 비결이란 말이오?"

"얘들아! 그만 됐다."

4형제는 다시 소를 외양간으로 몰고 갔다.

"바로 이거네!"

"이런 우스꽝스러운 장면을 연출하는 게 행복의 비결이오?"

"아닐세, 아무리 황당한 말이라고 해도 우리 아들 4형제는 이렇게 즉각 순종한다네. 자네 아들들도 어떤 말이라고 해도 아버지 말이라면 100% 순종한다면 행복할 걸세."

부모님의 말씀을 이성적으로 판단해 말씀에 순종할지 말지를 결정하는 가정에는 행복이 머물 수 없다. 그러나 무조건 순종하는 집안에는 행복이 넘친다.

때로는 부모님이 구시대적이고 시대착오적인 발상처럼 보이는 훈계를 하실 때가 있다.

"너 늙어 봤니? 나 젊어 봤단다."

부모님의 말씀을 믿어라!

교회도 부모님께 하는 효도와 같다. 새벽기도만이 최고의 의는 아니다. 제자훈련, 선교훈련, 성경공부, 셀사역, 알파코스, 수많은 교회의 프로그램들, 그 어떤 것도 정답이 아닌, 모두가 정답이다. 각자 다름이 있고, 사명이 있어 그 안에서 가장 적합하고 탁월한 능력을 발휘하며 성장하고 성숙할 교회를 골라 보내신 것이므로 그 안에서 모든 것을 수용하려는 노력이 필요하다. 교회에 나를 맞추려 노력해야지 자꾸 교회를 나에게 맞추려는 어리석음을 범해서는 안 된다. 부모님께도 마찬가지다. 나를 부모님께 맞추려 노력해야지, 부모님을 나에게 맞추려고 해서는 안 된다. 부모님께 무조건 순종하는 것이 효도다.

일본에서 효자로 소문난 선비의 친구가 효도를 배우기 위해 그의 집을 몰래 방문하였다. 그런데 문을 들어서자마자 늙으신 어머니가 물을 떠다 발을 씻기고, 선비는 가만히 앉아 밥상을 받아먹고는 어머니 무릎에서 잠만 자는 게 아닌가. 완전 노모를 몸종처럼 부리는 것이었다. 친구는 문을 열고 들어가 선비에게 벌컥 화를 냈다.

"아니 자네, 부모님을 이렇게 혹사시키고 무슨 효자라고 소문이 났는가! 나쁜 사람 같으니라고."

"아닐세, 친구. 어머니께서는 이렇게 하는 것을 가장 기뻐하시고 행복해하신다네. 부모님께서 원하시는 것을 하실 수 있게 해 드리는 게 진정 효도라네."

사람들은 자기 마음대로 효도하려 한다.

우리 집 첫째 아들 안드레가 어릴 때의 이야기다. 어버이날이 되자 선물을 가져왔다. 뽀로로 안경이었다. 다음 해에는 '못 말리는 짱구' 목걸이였다. 하지만 나는 매우 기뻤다. 아들의 중심, 그 진심을 알기 때문이다. 나는 생신상 한번 제대로 차려 드린 적 없는 불효자다. 하지만 목회에 전념하면서 목사로서 열심히 살았다. 그렇게 살았더니 인정받는 목사가 되었다. 아버지는 그런 나를 기뻐하시고 자랑스러워하신다.

안드레와 성주가 어버이날이라고 내게 와서 그런다.

"아빠, 뭘 드시고 싶으세요? 저는 오므라이스를 먹고 싶은데."

아이들이 뭘 먹고 싶은지 잘 알고 있다. 아이들 주머니 사정도 잘 안다. 그래서 이렇게 대답했다.

"치킨을 먹고 싶다." (치킨은 우리 자녀들이 제일 좋아하는 음식이다)

부모님은 항상 자식들을 생각한다. 효도는 반대로 부모님의 마음을 헤아리는 것이다. 부모님이 소중하게 여기는 가치와 신앙이 있다면 그것을 소중히 여기고 존중하고 목숨을 거는 것이 효도다. 부모님께 좋은 식사나 맛있는 음식, 좋은 옷을 사 드리는 것보다 예배를 잘 드리고, 신앙 안에서 건강하게 잘 성숙하며 사는 것이 진정 부모님께 드리는 최고의 효도이다.

어느 날, 아내와 아이들의 대화를 들었다.

"엄마는 소원이 뭐야? 나는 슈퍼맨이 되어서 하늘을 날아다니고 싶고 멋진 차를 타고 엄마랑 마트에서 맛있는 것도 많이많이 사 먹고, 키도 크니까 큰 집도 있었으면 좋겠어."

"엄마는 안드레, 성주, 안나가 건강했으면 좋겠어."

자식들은 바람이 많지만 엄마의 소원은 아주 간단한 것이다. 부모님의 마음을 헤아리는 것이 효도이다.

부모님은 내가 잘되고 건강하고 내가 형통하는 것을 기뻐하고 즐거워하신다. 그러니 이제부터 내 삶에서 성실하게, 열심히 책임을 다해 충성된 삶을 살아야 한다. 학생은 학교에서, 직장인은 직장에서, 사업

자는 사업장에서 없어서는 안 될 최고의 사람이 돼라. 일류 인생을 살라. 그것이 부모님을 즐겁고 행복하게 해드리는 최고의 효도인 것이다.

god의 '어머님께'란 노래에 이런 가사가 나온다.

"어머님은 짜장면이 싫다고 하셨어."

엄마는 정말 짜장면을 싫어하셨을까? 아니다, 사실은 짜장면을 엄청 좋아하셨을 것이다. 하지만 돈이 없어서 아들이 먹을 한 그릇밖에 시키실 수가 없었다. 아들에게 많이 먹이기 위해 짜장면이 싫다고 거짓말을 하신 것이다.

내게도 이런 버릇이 있다. 아이들과 함께 음식점을 가면 아이들이 충분히 배부르게 먹을 때까지 내가 아무리 좋아하는 음식이 나와도 먹지를 않고 기다린다. 아이들이 마음껏 먹고 나서야 비로소 먹기 시작한다. 자식을 사랑하는 마음 때문이다. 아이들이 맛있게 음식을 먹는 모습을 보면 정말 내가 먹는 것보다 더 행복하다.

삼척에서 6형제를 둔 가난한 노모가 있었다. 남편이 일찍 세상을 떠나 삯바느질을 하며 몸을 바쳐 희생하며 자녀를 키웠다. 다행히 자녀들이 다 잘됐다. 의사가 세 명, 고위 공무원에 변호사 아들, 그리고 시골에서 농사짓는 막내아들이 있었다. 그들은 호텔에서 노모를 위해 칠순 잔치를 화려하게 열었다. 오케스트라 반주가 흘러나왔고, 뷔페 음식이 차고도 넘쳤다. 그렇게 잔치가 무르익을 무렵, 시골에서 농사를 짓던 막내아들이 호텔에 양은 냄비를 들고 들어왔다. 형들은 눈살을 찌푸렸다. 양은 냄비를 열자 안에는 닭볶음탕이 가득했다. 형들이 앞을 다투어 한마디씩 한다.

"야, 너! 엄마 닭고기 알레르기 있어서 싫어하시는 거 몰라?"

"큰일 나, 임마! 왜 닭고기를 가져왔어?"

"엄마 닭 안 드시는 거 몰랐어?"

어머니는 냄비 뚜껑을 열어 조용히 닭볶음탕을 드시기 시작했다.

"엄마!"

어머니는 냄비를 모두 비웠다. 맛있게 드셨다. 아들들은 그때까지 어머니가 닭고기를 얼마나 좋아하시는지 전혀 몰랐다. 막내아들만 알고 있었던 것이다. 부모님의 마음을 헤아리는 것이 이처럼 중요하다.

어느 날 딸 안나가 팔이 골절되어 병원에 입원을 했다. 내 가슴이 찢어질 듯 아팠다. 온 병원이 떠나갈 듯이 응급실을 향해 발을 동동 구르며 달렸다. 다른 사람이 봤을 때는 금방 죽을 환자를 업고 들어간 것처럼 보였을지도 모른다. 하지만 부모의 마음은 다 같다.

어린이날을 맞이하여 생애 처음으로 아이들과 함께 시간을 보냈다. 소파를 양쪽으로 밀어 넣고 진지를 만들어서 장난감 고무탄 총을 사서 총싸움을 하고 놀았다. 12연발로 무장한 아들들과 3발 단발짜리 권총을 가지고 전쟁에 임하였는데 도무지 맞기만 하고 재미가 없었다. 장난감 가게로 다시 달려갔다.

"사장님, 총 좀 주세요. 그거 있죠, 12연발짜리! 성능 좋은 걸로!"

오전에 총을 네 자루나 구입하고 또 가니 VIP 대접한다. 무척이나 반가워하신다.

"이거 끝내줍니다."

나도 12연발로 더 성능이 좋은 총으로 구입하였다. 지출도 심했지만 즐겁게 아이들과 어린이날을 총싸움을 하며 보냈다. 안드레가 그런다.

"아빠, 우리 너무 총에 중독된 거 아니야?"

"아니다. 아빠는 아들에 중독된 거야."

그랬더니 아빠 사랑한다며 안드레가 품에 꼬옥 안긴다.

고종사촌이 결혼하게 됐다. 마흔두 살이 될 때까지 아들 뒷바라지에만 여념 없던 고모의 모습을 보면 맘이 찡하다. 딸만 내리 낳다가 막내로 아들을 얻어 얼마나 귀하게 키웠는지 모른다. 나와 싸우다가 코피라도 나면 고모는 나를 혼냈다. 너무 자식만 위하다 보니 초등학교 2학년 때, 어린 나이에 이렇게 말했다.

"고모, 자식 이렇게 키우시면 안 됩니다."

그래서 훨씬 더 두들겨 맞았다. 그렇게 자란 고종사촌이 결혼하게 된 것이다.

고모는 전화해서 두 가지 부탁을 했다. 사촌이 친구가 없어서 사진 찍을 때 허하니 친구들을 봉고차에 가득 채워 가지고 오라는 것이다. 우리가 병풍도 아닌데, 병풍 역할을 하라니! 또 한 가지는 사회까지 봐 달라는 부탁이었다. 주례 아니면 예식장을 안 가는(?) 내게 이런 부탁을……. 부모가 근심하지 않는 자녀가 되는 것이 효도라는 것을 새삼 깨달았다. 고모는 자식을 정말 많이 사랑하고 훌륭하신 분이다. 그래서 결혼을 축복해 주었다. 부모가 안심할 수 있는 자녀, 그런 자녀가 되기를 힘써야 할 것이다.

잠15:20

지혜로운 아들은 아비를 즐겁게 하여도 미련한 자는 어미를 업신여기느니라

당신의 하나님은 살아 계십니까?

마틴 루터가 종교개혁의 한계에 부딪혔을 때 아내가 까만 상복을 입고 남편 루터에게 와서 대성통곡을 하였다.

"아니 왜, 누가 죽었소?"

"네, 하나님께서 돌아가셨어요."

"아니, 어떻게 하나님이 돌아가실 수 있소?"

"당신이 절망하는 모습을 보면 하나님이 돌아가신 것이 틀림없어요."

그때 마틴 루터는 크게 깨달았다.

'그렇다, 하나님은 절대로 죽으실 수 없다. 살아 계셔서 나를 도우사 종교개혁을 완성하시리라!'

기독교의 주일은 예수님이 부활 후 첫날을 기념하여 모이는 날이다. 유대인들이 지키던 안식일 다음 날이 주일이 된 것이다. 안식 후 첫날 여인들은 돌문으로 꽉 막아 놓았던 무덤에서 예수님을 만났다. 그러나 2,000여 년이 흐른 지금, 부활하신 예수님이 아니라 혹시 죽어 있는 예수님을 모시고 살고 있지는 않은지 살펴보아야 한다.

그런 면에서 첫째로, 부활의 주님을 모시고 사는 성도는 절대로 절망하지 않는다. 나의 가는 길을 오직 그가 아시나니 내가 달려갈 길을 달려간 후에는 정금같이 나오게 하실 것을 아신다.

태릉선수촌에 있는 선수들은 상상할 수 없는 고통과 인내의 훈련을 이겨 내며 견딘다. 힘들지만 절망하는 선수들은 하나도 없다. 금메달의 소망을 품은 채 묵묵히 견디기 때문이다.

우리도 총감독이신 예수 그리스도를 믿기 때문에 결코 절망하지 않고 기뻐할 수 있다.

성경에 나오는 수많은 짐승과 동물들 중에 하나님을 찾는 모습을 왜 하필 목마른 사슴에 비유했을까? 사슴의 목은 매우 얇고 가는 셀로판지 같아서 수분이 마르면 딱 달라붙어 죽게 된다. 물을 계속 마시지 않으면 오래 못 가 죽는 것이다. 그래서 그토록 사슴은 물을 찾아다닌다. 성도들의 모습도 사슴이 물을 찾듯 하나님을 그토록 갈망해야 하지 않는가?

사람들은 우리가 고난당할 때 "네 하나님이 어디 있느냐?"라고 조롱한다. 그러나 진짜 살아 계신 하나님을 품고 사는 그리스도인이라면 결코 낙망하거나 낙심하지 않는다. 도리어 소망을 하나님께 두고 찬송한다. 시편 84편 2절에도 똑같은 말씀이 나온다. 살아 계시는 하나님을 더욱 찾는다.

시84:2

내 영혼이 여호와의 궁정을 사모하여 쇠약함이여 내 마음과 육

체가 살아 계시는 하나님께 부르짖나이다

고라자손의 시에서는 항상 살아 계신 하나님을 찾는다. 살아 계신 하나님을 갈망하는 자들은 다음과 같은 축복을 받는다.

주께 힘을 얻는다. 시온의 대로가 열린다. 고통, 고난이 있어도 많은 샘이 솟을 것이다. 때에 따라 비가 내려 풍부한 열매를 얻게 될 것이다.

금수저, 흙수저 타령에 한탄할 것이 아니다. 우리는 금수저보다 더 뛰어난 다이아몬드 수저이다. 하나님을 만난 사람, 살아 계신 하나님을 믿는 사람은 그 모든 형편과 환경에서 승리할 것이다. 장례식장에서 유일하게 노래할 수 있는 사람이 바로 기독교인이다. 왜냐하면 부활의 소망을 항상 마음에 품고 살기 때문이다. 우리 교회 성도들의 장례식에 가도 결코 우울하지 않다.

둘째로 성도들은 두려워하지 않는다. 내 마음에 두려움이 있는가? 어둠은 존재하는 공간이 아니다. 빛이 없는 곳이 어두운 곳이다. 빛이 없으면 존재하는 것이다. 하나님이 없는 곳이 두려움이 있는 곳이다. 빛이 있으면 어둠이 존재했었는지조차 확인할 길이 없을 정도로 사라져 버리는 것이다. 두려움은 사실상 실재하는 것이 아니다. 굉장히 중요한 얘기다. 그렇다면 실재하지 않는 것에 우리가 두려워할 필요가 있는가? 당연히 없다. 그러니 웬만하면 두려워하지 말자.

이스라엘 백성들이 골리앗을 만났을 때 어떻게 반응하는가? 삼상 17장 23절에 따르면 "그들과 함께 말할 때에 마침 블레셋 사람의 싸움 돋우는 가드 사람 골리앗이라 하는 자가 그 전열에서 나와서 전과 같은 말을 하매 다윗이 들으니라."라고 한다. 골리앗이 외치는 말을 다윗도 똑똑히 백성들과 함께 들었다. 골리앗은 여섯 규빗 한 뼘이 넘는 거인이었다. 3미터가 넘었다. 놋각반, 놋투구, 놋단창을 들고 갑옷의 무게만 5,000천 세겔, 60kg 이상이었다. 창은 베틀 채 같고, 창날만 1,600세겔이었다. 완전무장한 군인 중의 군인이었다. 이스라엘 백성들은 모두 숨었다. 그런데 다윗만큼은 숨지 않았다. 그는 전혀 군사훈련을 받지 않은 평범한 민간인 소년에 불과했다. 환경이 더 열악한 다윗은 골리앗에게 도전했고, 무장한 이스라엘 군인들은 모두 숨었다. 이유는 단 하나다. 다윗은 두려워하지 않았고, 이스라엘 백성들은 두려워하였다. 다윗은 하나님을 모욕하는 이스라엘 백성들을 이해할 수 없었다. 다윗은 살아 계신 하나님을 믿고 있었다. 두려움이 없었다. 그런데 하나님이 없는 자들은 다윗을 이해하지 못한다.

"저 어린놈이, 군사훈련을 받지도 못한 놈이, 싸움할 줄도 모르는 애송이가! 감히!"

도리어 다윗이 나서는 것을 이해하지 못한다. 사울왕은 너는 소년이요, 골리앗은 어릴 때부터 용사라고 다윗을 타박한다.

교회 안에서도 의견 절충이 잘 안 된다. 살아 계신 하나님의 말씀을 믿는 사람과 믿지 못하는 사람들로 갈라진다. 믿지 못하는 자들은 환경과 처지와 분석 통계, 이자와 이율을 보고 계산한다. 말이 통하지 않는다.

다윗의 담대함은 하나님의 이름에 있었다. 그는 살아 계신 하나님이 골리앗보다 더 크신 분이심을 믿고 있었기 때문이다. 다윗은 그 누구보다도 승리의 비결을 잘 알고 있었다. 테크닉, 하드웨어, 소프트웨어의 경험을 의지하지 않고 오직 하나님께 승리가 있음을 알고 있었던 것이다.

내가 개척한 울산 온양 남창마을이 전에 가로등 하나 없고 풀밭만 가득하던 곳에서 이제 번듯한 도시가 되지 않았는가? 24시 편의점이 당당히 있는 도시로 성장하지 않았는가? 아파트 단지가 들어올 줄 누가 알았겠는가? 하나님이 함께하시자 황량했던 마을이 도시로 성장하는 것이다. 하나님의 사람들이 가는 곳 그곳이 전도지이며 사명지가 되는 것이다. 다윗은 갑옷도 없고 칼도 없었다. 정말 전쟁에 나갈 기본적인 무기도 없는 상태에서도 두려워하지 않았다. 문제가 아무리 많아도 목회하면서도 어려움이 닥쳐와도 성령이 충만해지면 이겨 나갈 힘이 생긴다. 절망아, 가난아, 질병아, 얼마든지 오너라!

우리 아들 안드레는 얼마나 담대한 줄 모른다.

"우리 아빠가 학교 통이었어!"

나는 전화해서 사과한다. 그렇지만 아들은 아버지에 대한 신뢰와 믿음이 대단하다. 담대한 성도는 암이 걸려도 학교를 떨어져도 입사에 실패해도 다시 일어날 용기가 있다. 반면 아버지에 대한 담대함이 없고, 종의 영을 받은 사람은 눈치만 보고 벌벌 떤다.

세 번째로, 진짜 성도들은 범죄하지 않는다. 반복되는 범죄함이 있다면 살아 계신 하나님이 없다는 강력한 증거이다. 나는 종종 꿈에서도 설교한다. 꿈에 세 번째로 범죄함을 설교하는 꿈을 꾸었다. 사실 절망과 두려움만 하고 설교를 끝내려 했다. 깨고 나서 다시 범죄함 설교를 추가했다. 만약 차를 몰고 가다가 빨간 신호에 그냥 지나가려 했는데 경찰차가 저기 앞에서 눈에 들어왔다. 그렇다면 어떻게 하겠는가? 그냥 지나가겠는가? 핸들에 머리를 박을지언정 급정거를 해서라도 서지 않겠는가? 우리 교회 주일학교 어린아이가 지켜보고 있다면 빨간 신호일 때 지나갈 수 있을까? 절대 그럴 수 없을 것이다. 하물며 하나님께서 우리를 지켜보고 계신데 함부로 할 수 있단 말인가?

전에 시국이 불안할 때 평양에 갔을 적의 일이다. 북한에 가기 전에 통일부에서 얼마나 안보 교육을 했는지 모른다. 북한에 가면 절대로 북한 사람들에게 돈 주지 말고, 북한 정치체제에 대해 비판하지 말라고 가르친다. 하는 말도 죄다 도청하고 있으니 조심하라고 주의를 줬다. 같이 간 나의 룸메이트는 어느 교회 장로님이셨다. 하지만 북한 체제를 비판하는 말을 하고 다녔다. 몇 번 주의를 줬지만 소용이 없었다. 그날 새벽, 장로님은 숙소에서 끌려 나갔다. 다행히 이후에 돌아왔는데 그 뒤로 한 마디 말씀도 안 하신다. 누군가가 지켜보고 있다면 나의 행동을 신중히 행해야 할 것이다. 아니, 그렇지 않다 할지라도 조심하고, 하지 말아야 할 것은 하지 말아야 한다.

악인들은 여호와 하나님이 그들을 보지 못한다고 말한다. 그래서 마음 놓고 멋대로 행동한다. 악인들의 행동에는 대범함이 넘친다. 심지어 하나님의 존재를 지우려 한다. 그래서 대담하게 죄를 짓는 것이다. 절망은 깨뜨려지고, 두려움은 떠나가고, 죄악 된 옛 모습과 작별하는 모습이 있어야 부활절 아닌가!

하나님이 살아 계신데 어떻게 집 안에서, 직장에서, 교회 안에서 그런 거짓말과 죄악 된 모습을, 사기를 칠 수 있단 말인가? 살아 계신 하나님을 안 믿기 때문이다. 우리 모두는 자신 있게 대답해야 한다.

"당신의 하나님은 살아 계십니까?

"네, 주님은 살아 계십니다!"

살아 계신 주 나의 참된 소망
걱정 근심 전혀 없네
사랑의 주 내 갈 길 인도하니
내 모든 삶의 기쁨 늘 충만하네

이 찬송이 늘 함께하시기를 간절히 바란다.

부족을 불평 말고 부족을 고백하라

감옥과 수도원의 공통점이 무엇인지 아는가? 외부와 단절된 채 생활한다는 점이다. 그러나 극명한 차이점도 있다. 수도원은 갇혀 있어도 스스로 감사하며 살아간다. 반면 감옥은 자신을 감옥에 보낸 사람, 경찰과 판사를 원망한다. 사회를 원망한다. 불우한 환경 부모를 저주

한다. 칼을 갈며 저주하며 산다. 어떤 삶을 살아야 할 것인가? 우리 교회는 어떤 교회가 되어야 마땅할까? 그러기 위해선 개념 정립과 태도 변화가 선행되어야 할 것이다.

먼저, 감사는 축복을 담는 그릇이다.

가만히 주변의 사람들을 살펴보라. 망할 짓만 하는 사람들이 누구인가? 인생을 비굴하고 야비하게 사는 사람이 누구인가? 그들의 공통점을 찾아보라. 딱 한 가지 아닌가? 그들에게는 감사가 없다. 감사하지 않는 인간은 망하기 딱 좋은 인생이다.

수많은 목사님들이 목회 상담을 하러 온다. 할 말이 많지만 권면하는 말씀은 딱 한 가지다.

"목사님, 오늘부터 감사하세요."

보령에 삼원환경기업이라고 있는데 이곳은 큰 축복을 받았다. 그곳 사업장에서 예배를 드려 달라고 해서 가 보니 현판이 눈에 거슬렸다. 혼합 종교 사상을 나타내는 내용이어서 액자를 떼라고 했다. 70세가 다 되어 예수님을 믿게 되었던 사장님이라 몰라서 그랬을 것이다. 하지만 젊은 목사가 떼라고 하자 바로 뗐다. 회사 이름을 삼위일체 하나님이 원하는 기업이 되라고 삼원으로 권했더니 회사 이름도 바꿨다. 그리고 무엇보다도 중요한 것은 늘 하나님께 감사했다는 점이다. 입찰하는 곳마다 다 공사를 따 왔다. 승승장구했다. 그렇게 되니 매출이 27억이나 급등했고, 지출 비용은 3~4억이 낮아졌다. 30억이나 이득을 본 것이다.

가만히 보면 우리 성도들 중에 사업하시는 분들이 많다. 그런데 어떤 사업장은 정말 큰 축복을 받는데 반해 어떤 사업장은 계속해서 마이너스 매출이라 경영조차 힘들다. 똑같이 내가 가서 창업예배를 드리고 축복기도를 해 주었건만 결과가 달라지는 이유가 뭘까? 특별한 하나님의 섭리와 계획만 아니라면 이유는 감사의 결핍이 분명할 것이다.

빌4:4-7
주 안에서 항상 기뻐하라 내가 다시 말하노니 기뻐하라
너희 관용을 모든 사람에게 알게 하라 주께서 가까우시니라
아무것도 염려하지 말고 오직 모든 일에 기도와 간구로, 너희 구할 것을 감사함으로 아뢰라
그리하면 모든 지각에 뛰어난 하나님의 평강이 그리스도 예수 안에서 너희 마음과 생각을 지키시리라

사도바울은 기도할 때에 반드시 '감사'를 넣어 기도할 것을 우리에게 말씀하고 있다. 감사하는 자는 모든 필요를 얻을 수 있다.

사실 추수감사절의 유래는 1620년 신앙의 자유를 위해 목숨을 걸고 청교도들이 메이플라워호를 타고 도착한 이듬해, 온갖 풍토병과 어려운 환경을 이기고 얻은 첫 수확을 하나님께 감사하고 이웃 인디언 주민들과 함께 나눈 데서 유래했다. 청교도들은 감사함으로 살았던 것이다. 그 감사는 무려 7가지나 된다.

◆◆ **청교도의 7가지 감사** ◆◆

첫째, 180톤밖에 안 되는 작은 배지만 그 배를 주심을 감사합니다.

둘째, 평균 시속 2마일의 느린 속도로 항해했지만 117일간 계속 전진하게 하심을 감사합니다.

셋째, 항해 중 두 사람이 죽었으나 한 아이가 태어났음을 감사합니다.

넷째, 폭풍으로 큰 돛이 부러졌으나 파선되지 않았음을 감사합니다.

다섯째, 여자들 몇 명이 심한 파도 속에 휩쓸렸지만 모두 구출됨을 감사합니다.

여섯째, 인디언들의 방해로 상륙할 곳을 찾지 못해 한 달 동안 바다에서 표류했지만 결국 호의적인 원주민이 사는 곳에 상륙하게 해 주심을 감사합니다.

일곱째, 고통스러운 3개월 반의 항해 도중 단 한 명도 돌아가자는 사람이 나오지 않았음을 감사합니다.

얼마나 멋진 감사인가? 메이플라워호의 항해를 마친 청교도들의 무한 감사는 미국을 기독교가 꽃피는 믿음의 국가로 만들었던 원동력인 셈이다.

미국의 어느 가난한 시골 학교 선생님에게는 음악 수업을 위해 피아노 한 대가 필요했다. 그래서 여러 군데 편지를 보냈다. 별 답이 없었으나 포드 자동차 회장에게만 유일하게 답장이 왔다. 두근거리는 마음으로 '돈이 얼마나 들었을까?' 기대하는 마음으로 편지를 열었다.

그 안에는 100달러가 들어 있었다. 선생님은 소리를 질렀다. "선생님들! 여기를 보세요. 포드 회장님이 100달러나 보내 주셨어요!" 다른 선생님들이 그 소리를 듣고 한 소리 한다. "아니, 회장이라는 작자가 겨우 100달러야? 그걸로 피아노를 어떻게 사?"

아랑곳하지 않고 선생님은 콧노래를 부르며 100달러를 가지고 땅콩 씨앗을 샀다. 그리고 학교 빈터에 땅콩을 심었다. 매년 땅콩의 수확량이 늘어났다. 몇 년간 했더니 피아노를 살 만큼 돈이 생겼다. 선생님은 비록 몇 년이 걸렸지만 포드 회장에게 감사하는 마음의 편지를 보냈다. 그 편지를 받은 포드 회장의 친필 답장이 왔다.

"선생님처럼 작은 일에도 감사하고 성실하게 일하시는 분이 나의 조국 미국인이라는 사실이 자랑스럽습니다. 지금까지 저에게 많은 사람들이 기부금을 요청했습니다. 그때마다 조금씩 기부를 했지만 대부분 너무 적게 준다며 투덜거렸습니다. 하지만 선생님은 오히려 감사했습니다. 그리고 그것으로 땅콩을 심어 큰돈을 만드셨다는 사실에 크게 감동했습니다. 여기 1만 달러를 보내 드립니다. 선생님이 원하시는 좋은 피아노를 구입하시기를 바랍니다. 또한 앞으로도 저의 도움이 필요하다면 얼마든지 요청해 주세요. 액수와 상관없이 아무리 큰 비용이 들더라도 기꺼이 도와 드리겠습니다. 감사합니다.

선생님을 존경하는 포드로부터"

성공하는 사람은 이유가 있다. 행복한 사람도 반드시 이유가 있다. 그곳에는 성공과 행복의 열쇠, 감사가 있다.

두 번째로, 부족함을 불평하며 살지 말고 그 큰 은혜에 비해 너무나도 부족한 나를 고백하라.

부족함을 고백하는 것과 부족함을 원망하는 것은 큰 차이다. 부족하지만 하나님께서 베풀어 주시고 부어 주시는 은혜를 생각할 때 참으로 감사가 샘솟아 날 수밖에 없는 것이다.

부족함을 원망하면서 완벽함을 달라고 하는 것은 불신앙이요 죄악이 아닐 수 없다.

토니 에반스의 〈의심받으시는 하나님〉이란 책에 나오는 내용이다. 하나님은 모든 것을 주셨다. 딱 한 가지 금기는 선악과였다. 그런데 마귀는 딱 하나 안 주신 것을 침소봉대하여 하나님을 의심하게 만든다는 것이다.

만약 우리 교회 성도가 내게 매일 찾아와서 이렇게 계속 말한다면 어떡하겠는가?

"목사님, 우리 교회는 사랑이 없어요. 교육이 없어요. 질서가 없어요. 없어요…… 없어……."

감사는 사라지고 부족과 결핍을 원망하는 것 뿐 아닌가?

영화 '부당거래'에 이런 말이 나온다. 배우 류승범의 대사다.

"호의가 계속되면 그게 권리인 줄 알아요."

목회를 하면서 일주일 동안 금식기도를 한 가정이 많았다. 성도들을 위해 모든 것을 다 헌신하였다. 그런데 계속 하다 보니 별 감동을 하지 않는다. 그 정도는 기본이라고 생각하게 되었다. 감사가 언제부터인가 사라진 것이다.

미국의 어떤 마을에 담벼락 밑에서 시끄럽게 떠들고 노는 불량 청소년들이 있었다. 어찌나 시끄럽던지 집주인 할아버지는 도저히 견디기 힘들었다. 그래서 지혜를 생각해 냈다. "얘들아, 이렇게 우리 집 앞에서 북적북적 시끄럽게 놀아 줘서 고맙다."며 1달러씩 아이들에게 준 것이다. 그렇게 2주간 하다가 마지막 날에 할아버지가 이렇게 말했다.

"얘들아, 참 고맙다. 그런데 오늘은 돈이 없어서 50센트씩만 줄게. 미안하다!"

"할아버지, 이제 와서 이러시면 안 되죠? 우리도 이렇게는 더 이상 여기서 못 놀아요!"

아이들은 이렇게 말하고는 그날로 할아버지 집 앞을 떠나 버리고 말았다. 할아버지가 감사했더니 스스로 물러가고 만 것이다.

우리 교회 청년들이 타지로 갔다 돌아오면 꼭 하는 말이 있다. 강한 양육과 사역이 처음엔 부담스럽고 힘들다고 생각했는데 다른 곳에서 헌신과 사역의 열정 없이, 또 감격과 은혜 없는 예배를 드리다 보면 몸은 편한데 오히려 죽을 것같이 힘들었다며 다시 예배와 사역에 목숨을 걸겠다는 고백들이다.

또 서울서 매주 내려와 예배드리는 한 자매도 이런 고백을 했다.

"목사님, 지난 주일 예배드리고 돌아오는 길에 목사님께서 선물해 주신 책을 읽으면서 서울 올라오는 길이 저에게 너무나 설레면서 그

동안 온양순복음교회를 통해 하나님께 받은 은혜와 사랑을 생각하니 너무 가슴이 벅차오르는 거예요. 다시 그 사랑을 일깨워 주신 사랑하는 안호성 목사님께 너무너무 감사드려요! 그리고 주님 안에서 사랑합니다. 늘 기도로 연합하겠습니다. 사실 온양순복음교회를 만나고 나서부터 제 삶의 변화가 일어났고, 예배드리는 관점과 영적인 생각의 우선순위가 달라졌어요. 내가 먼저 다가설 수 있는 용기도 생겨났고요. 하나님의 말씀만 사랑한 것뿐이지만 제 눈앞에 펼쳐진 일들을 돌이켜 볼 때 감히 내 힘으로 안 되는 일들인데 정말 하나님께서 해주셨어요. … (중략) … 또한 늘 하나님의 말씀을 사모하며 서울에서 울산까지 거리는 멀지라도 여러 가지 상황을 놓고 보았을 때 정말 하나님께서 인도하지 않으셨다면 불가능한 일인데 모든 걸 가능케 하신 하나님으로 인해 오고 가는 길이 힘듦이 아닌, 정말 감사를 할 수 있었어요. 그리고 지쳐야 하는데 어디서 힘이 나는지 전혀 지치지 않았고 오히려 기쁨이 넘쳐나는 거 있죠? 성찬예배 은혜로웠습니다. 한 주 한 주가 너무 기다려집니다. 사랑합니다. 목사님."

 서울에서 매주 울산까지 새벽 KTX를 타고 예배드리러 오는 사람도 감사를 하는데 가까운 데 살면서 불평한다는 게 말이나 되는가? 하나님은 우리의 부족함을 고백하기를 원하신다. 완전함을 요구하시지 않는다.

 주여 우린 연약합니다.

우린 오늘을 힘겨워 합니다.
주 뜻 이루며 살기엔
우린 우린 연약합니다.
주여 우린 넘어집니다.
오늘 하루 또 실수합니다.
주의 긍휼을 구하는 죄입니다.
우린 주만 바라봅니다.

눈물이 마르지 않아야

믿지 않으시겠지만 젊은 시절 내 별명이 이승환이었다. 생긴 게 비슷해서 가수 이승환이 아니라 이승환의 노래를 너무도 많이 불러 얻은 별명이다. 그가 부른 노래 중에 '화려하지 않은 고백'이라는 노래가 있는데 그 노래 가사 중에 이런 말이 나온다.

'너의 눈물이 마를 때까지 너를 지켜 준다고'

이 노래 가사의 의미가 뭘까 생각을 해 보았다. 죽을 때까지 너를 지켜 준다는 의미일까 싶다. 일상적으로 눈물이 마르면 눈이 건조해진다. 눈물이 멈추면 인공 눈물을 시간마다 넣어 줘야 한다. 눈물이 아직 내 눈에서 촉촉하다는 것은 살아 있다는 것이다. 건강하다는 것이다.

성도들에게서 눈물을 보고 싶다. 뜨거운 눈물을 말이다. 뜨거운 사랑을 말이다.

찰스 스펄전은 '마른 눈으로는 절대로 천국에 들어갈 수 없다'고 말했다. 눈물이 없는 감동, 눈물이 없는 회개, 눈물이 없는 감사로 무장된 사람들은 정말 천국에 들어갈 수 없다. 왜냐하면 예수님을 정말 믿지 않는 것일 테니까 말이다.

그래서 먼저 우리는 회개의 눈물이 마르지 않아야 한다.

성경에서 바리새인의 집에 한 여인이 향유 옥합을 가져다가 깨뜨려 예수님의 머리에 부었다. 사람들은 수군거렸다. 이 여인이 어떠한 죄인인 줄 알았다면 가만두지 않았을 텐데 하면서 혀를 끌끌 찼다. 제자 중 하나는 옥합 가격이 얼마이며, 이것을 허비했다고 하면서 가난한 사람을 돕는 게 좋았을걸 하면서 예수님 앞에서 갑질을 해 댔다. 왜 그랬을까? 자신이 얼마나 큰 죄인인지 몰랐기 때문이다. 진정한 회개의 눈물을 흘릴 때 주홍같이 붉은 죄라 할지라도 눈과 같이 희어질 것이다(사1:18).

이 세상에는 딱 두 가지 종류의 사람이 있다. 첫 번째는 죄가 많이 드러난 죄인이고 두 번째는 죄가 덜 드러난 죄인이다. 하지만 많은 사람들이 착각한다. 들통 나지 않았다고 해서 자신이 죄가 없는 줄 안다. 전형적인 바리새인 같은 사람들이다.

이 세상에는 의인과 죄인이 있는 것이 아니라 딱 두 가지 종류의 사람이 있다. 용서받은 죄인과 용서받지 못한 죄인이다. 잘못했다고 전혀 생각하지 못하니 회개를 하려야 할 수가 없다. 그래서 용서받을 수 없는 것이다.

오늘 당신의 눈물이 말랐다는 것은 당신이 더 이상 용서받을 죄가 없든지, 아니면 지금 하나님께 죄가 있음을 속이고 있다는 사실을 알아야 한다.

여인은 울며 눈물로 예수님의 발을 적셨다. 하나님께서는 여인을 도리어 칭찬하셨다. 그리고 오백 데나리온과 오십 데나리온을 탕감받은 사람을 비유로 말씀하셨다. 누가 더 큰 은혜를 받은 사람인가? 당연히 오백 데나리온을 탕감받은 사람 아닌가?

토요일에는 서재에서 조용히 잔다. 주일을 잘 준비하기 위해 설교도 준비하고 기도도 하면서 조용히 쉬며 보낸다. 그런데 어제는 쉬지도 못했다. 24시간 동안 한잠도 자지 못했다. 겨우 잠에 들려고 하는데 우리 딸 안나가 와서 아빠랑 같이 잔다고 한다. 어떻게 알았는지 알고 안드레와 성주까지 이불을 주섬주섬 들고 서재로 쳐들어온다. 좁은 서재에서 네 명이 잘 판이다.

"안 돼, 안나야. 방에 가서 자. 아빠 내일 주일 준비해야 해!"

그러자 최지우 닮은 우리 딸, 눈에 넣어도 아프지 않을 안나가 눈물을 글썽이다가 한 방울이 툭 떨어진다. 순간 마음이 녹아 내렸다. 딸바보가 되는 순간이다.

"그래, 오늘은 다 같이 자자."

그렇게 아이들과 함께 잠을 잤다. 하물며 나도 딸의 눈물에 녹는데, 하나님 아버지는 그분의 자녀들의 눈물에 어찌 반응하지 않으시겠는가? 하나님께서 눈물의 기도는 바로바로 응답해 주시는 경험을 너무도 많이 했다.

최근에 교회에 등록한 남자 성도의 고백을 잊지 못한다.

"목사님, 10여 년 만에 예배 중에 처음으로 실컷 울어 봤습니다. 그래서 제 별명이 울보가 됐어요."

경상도 사나이가 사람들이 보는 앞에서 눈물을 흘린다는 것은 기적이 아닐 수 없다. 이러한 기적이 일어나는 교회가 정상적인 교회가 아닌가? 교회가 문화센터, 강도의 소굴이 되어서는 안 된다. 교회는 주님께서 날 위해 흘리신 십자가의 보혈을 만나는 감격으로 눈물이 마르지 않는 교회가 되어야 한다. 십자가의 감격이, 눈물이 있어야 한다. 회개의 참된 눈물이 있어야 한다.

두 번째는 기도의 눈물이 마르지 않아야 한다.
한나는 통곡하며 눈물로 기도한 대표적 여인이다.

삼상1:10-11

한나가 마음이 괴로워서 여호와께 기도하고 통곡하며 서원하여 이르되 만군의 여호와여 만일 주의 여종의 고통을 돌보시고 나를 기억하사 주의 여종을 잊지 아니하시고 주의 여종에게 아들을 주시면 내가 그의 평생에 그를 여호와께 드리고 삭도를 그의 머리에 대지 아니하겠나이다.

당연히 하나님께서는 한나의 기도를 들어주셨다. 그에게 시대의 한 줄기 빛이 되었던 선지자 중의 선지자 사무엘을 주셨다.

히스기야가 병들어 죽게 되었을 때에 이사야가 와서 그에게 곧 죽게 될 것을 전했다. 그때에 히스기야는 벽을 향해 여호와께 기도하며 통곡했다. "히스기야가 낯을 벽으로 향하고 여호와께 기도하여 가로되, 여호와여 구하오니 내가 진실과 전심으로 주 앞에서 행하며 주의 보시기에 선하게 행한 것을 기억하옵소서 하고 심히 통곡하더라." 하나님께서는 히스기야의 눈물을 기억하셨다. 그리고 그의 생명을 15년이나 연장해 주셨다. 하나님은 기도의 눈물을 기억하신다. 하나님께서는 우리가 흘린 눈물을 버리지 않으신다. 잊지 않으신다.

눈물의 양이 축복의 양이다. 눈물의 양이 기적의 양이다.

세 번째는 구원받은 감격의 눈물이 있어야 한다.

딸 안나가 수술을 한 적이 있었다. 연약한 딸아이의 몸에 전신마취하고 칼을 대고 수술을 해야 한다는 말을 들었을 때 찢어질 듯이 마음이 아팠다. 예수님께서는 살을 찢기시고 피를 다 흘리시고 우리의 죄를 위해 십자가에서 고통을 받으셨다. 하나님께서 우리를 구원하시기 위해 그의 하나뿐인 독생자 예수님을 십자가의 제물로 바치셨을 때 얼마나 아프셨겠는가? 그 마음을 아는 것이 구원의 시작이다. 얼마나 하나님께서 나를 사랑하셨는지 깨닫게 되는 것이 바로 십자가 복음의 시작이다. 그래서 사도바울은 그의 구원의 감격을 디모데전서 1장 14-16절까지 고백한다.

딤전 1:14-16

우리 주의 은혜가 그리스도 예수 안에 있는 믿음과 사랑과 함께 넘치도록 풍성하였도다 미쁘다 모든 사람이 받을 만한 이 말이여 그리스도 예수께서 죄인을 구원하시려고 세상에 임하셨다 하였도다 죄인 중에 내가 괴수니라 그러나 내가 긍휼을 입은 까닭은 예수 그리스도께서 내가 먼저 일체 오래 참으심을 보이사 후에 주를 믿어 영생 얻는 자들에게 본이 되게 하려 하심이라

십자가의 구원을 아는 사람은 감격의 눈물이 있다. 예수님의 십자가만 생각해도 눈물이 나오는 게 정상이다. 그래야 이 십자가 구원을 전할 수 있다.

네 번째는 핍박의 고통을 참아 낸 눈물이 있어야 한다.

빌립보서 1장 29절에 이렇게 말씀하고 있다. "그리스도를 위하여 너희에게 은혜를 주신 것은 다만 그를 믿을 뿐 아니라 또한 그를 위하여 고난도 받게 하심이라."

시편 기자도 42편 3절에 "사람들이 종일 내게 하는 말이 네 하나님이 어디 있느뇨 하오니 내 눈물이 주야로 내 음식이 되었도다."라고 말씀하고 있다

시56:5-11

그들이 종일 내 말을 곡해하며 나를 치는 그들의 모든 생각은 사악이라 그들이 내 생명을 엿보았던 것과 같이 또 모여 숨어 내 발자취를 지켜보나이다 그들이 악을 행하고야 안전하오리이까 하나님이여 분노하사 뭇 백성을 낮추소서 나의 유리함을 주께서 계수하셨사오니 나의 눈물을 주의 병에 담으소서 이것이 주의 책에 기록되지 아니하였나이까 내가 아뢰는 날에 내 원수들이 물러가리니 이것으로 하나님이 내 편이심을 내가 아나이다 내가 하나님을 의지하여 그의 말씀을 찬송하며 여호와를 의지하여 그의 말씀을 찬송하리이다 내가 하나님을 의지하였은즉 두려워하지 아니하리니 사람이 내게 어찌하리이까

사역을 하고 주의 일을 열심히 하다 보면 비난하는 목소리를 직간접적으로 듣게 된다. 그때마다 눈물로 기도하고 참으면 은혜가 폭포수처럼 내려온다. 마음의 평안이 물밀듯이 내려온다. 그러면 다시 담대히 사역의 길을 걸어갈 수 있게 된다.

마지막으로 순종의 눈물이 있어야 한다.

톨스토이가 쓴 책 제목 중에 이런 게 있다. 〈사탄의 일은 항상 아름답고 하나님의 일은 항상 까다롭다〉 내가 자주 하는 말이다. 마귀의 유혹은 꼭 보험회사 상품 같다. 마귀는 나에게 최적화된 보험 상품을 내놓는다. 구입하지 않을 수 없게 만든다. 하나님의 상품은 가시처럼

껄끄럽다. 나를 만족시키지 않는다. 내게 유익이 없을 것 같다. 희생하라 하시고 봉사하라 하시고 나누라 하시고 양보하라 하시니 정말 가입하고 싶지 않은 상품이다.

벧세메스로 가는 법궤를 싣고 가는 짐승은 암소다. 젖을 떼지도 못한 송아지를 뒤로 하고 눈물을 흘리며 올라간다. 마치 하나님의 사역자들에게 보여 주시는 하나님의 순종의 메시지 아닌가? 우리는 인간의 본성조차 거스르고 순종하는 데까지만 나아가려 한다. 나 중심으로 살려고 한다면 순종은 하려야 할 수가 없다.

아브라함은 이삭을 번제로 바치라는 하나님의 명령을 듣고 모리아 산을 향했다. 우리 아들 안드레, 안성주 중에 하나를 번제로 드리라고 명령하신다면 과연 데리고 갈 수 있을까? 안드레와 성주 중에 하나가 "아빠, 번제로 드릴 양은 어디 있나요?" 묻는다면 가슴이 먹먹해지며 갑자기 참았던 눈물과 고통에 울컥할 것 같다. 그 음성을 듣는다면 그냥 포기할지도 모르겠다는 생각이 들 정도다. 그렇다. 그래서 순종은 참으로 어렵다.

시126:5
눈물을 흘리며 씨를 뿌리는 자는 기쁨으로 거두리로다

성경 말씀은 적극적인 사고방식을 100% 지지하지 않는다. 웃으며 씨를 뿌리라고 말씀하지 않는다. 긍정적인 사고방식으로 스마일만을 강요하지 않는다. 예수님은 십자가를 지고 씨익 웃으시면서 갈보리

언덕을 오르시지 않으셨다. 성경은 리얼하다. 100% 가감이 없다. 인간의 요상한 말로 감언이설하지 않는다.

'순종하면 눈물이 날 거야. 순종하면 많이 힘들 거야. 순종하면 살이 찢어지고 뼈가 깎이는 고통이 있을 거야. 하지만 반드시, 반드시 하나님께서 기쁨으로 단을 거두게 하실 거야!'

아프리카의 선교사였던 리빙스턴이 어느 날 한 부족에 들어가서 선교를 하는데 한 사람도 울지를 않는 것이었다. 그렇게 오랜 시간 함께 생활했는데도 아무도 울지 않았다. 나중에 알고 보니 눈물을 보이는 것은 수치로 여기는 전통이 대대로 이어져 내려오고 있었기 때문이었다. 그런데 어느 날 성령께서 원주민들의 마음을 감동시키사 큰 은혜를 받았다. 너도 나도 할 것 없이 모두들 눈물을 흘리기 시작했다. 이 눈물은 자신들이 죄인임을 깨달은 회개의 눈물이요, 하나님의 사랑과 은혜를 체험하는 감격과 기쁨의 눈물이었다. 또한 주님의 뜻대로 살아가겠다는 눈물이요, 예수님을 영접함으로 이전의 죄악 된 삶을 모두 청산하겠다는 눈물이었고, 수많은 고난과 핍박, 비웃음을 능히 이겨 내겠다는 인내의 눈물이었다. 모두 눈물을 흘렸지만 아무도 수치스럽게 생각하지 않았다. 수천 년을 내려오던 전통이 무너졌고, 마을은 복음화되었다. 이것이 바로 눈물의 능력이다.

신화엽이란 꽃이 있다. 일본에서 피는 꽃인데 그냥 보면 평범한 하얀 들꽃에 불과하다. 그런데 신기하게도 비를 맞거나, 이슬에 젖으면 투명한 꽃잎으로 변한다. 젖으면 변신하는 신화엽은 신기하다 못해 신비할 정도다. 투명한 꽃은 유일무이할 것이다.

우리의 신앙도 눈물로 젖어야, 헌신의 땀방울로 젖어야 아름다운 신앙의 꽃으로 피어나는 것이다. 흘리자, 눈물을!

본질을 붙들어라

왜 지금 교회가 힘을 잃고 나약해졌는가? 불과 2, 30년 전만 해도 한국 교회는 사회에서 존경과 함께 영향력이 있는 기관이었다. 귀신이 떠나가고, 죽을병에 걸렸던 사람들도 주의 종이 안수하면 깨끗이 고침을 받았다. 그런데도 오늘날 성도들은 왜 비실비실 피죽도 못 먹은 사람처럼 무기력하게 신앙생활을 하고 있을까?

요한복음 5장에 나오는 38년 된 중풍 병자를 고치신 것은 단순한 이야기가 아니다. 이 병자의 치료를 통해 보여 주시고자 하시는 그 깊은 뜻과 신호를 깨달아야 한다. 어디를 둘러봐도 답답한 현실, 38년 동안 절망 속에 살던 이 중풍 병자는 가끔 천사가 내려와 연못 물을 건드려 동할 때 가장 먼저 들어가는 자는 무조건 병이 낫는다는 전설이 내려오던 베데스다 연못 앞에 대기 중이었다. 엎친 데 덮친 격으로 설령 연못 물이 동할지라도 다른 사람들이 먼저 들어가서 그나마 기회를 놓쳐 지금까지 병든 상태로 살아온 것이다. 왜 연못가에서 38년간이나 기다리고 있었을까? 다른 병자가 먼저 연못에 들어가서였을까? 요한복음 5장 6절에서 예수님께서는 연못 앞에서 평생을 비참하게 앉아 있는 중풍 병자에게 돌직구로 물으신다.

"네가 낫고자 하느냐?"

그러나 병자는 연못이 동할 때 다른 사람들이 다 먼저 들어가서 이렇게 고침을 못 받고 있다고 답한다. 병자는 지엽적인 문제를 제기한다. 이러저러한 이유 때문이라고 자신의 실패, 자신의 고난을 설명한다.

정말 우리의 문제가 무엇인가? 그 핵심을 알아야 한다. 문제가 문제가 아니라, 지엽적인 문제가 문제가 아니라 하나님을 만나지 못함이 문제이다. 그분에게 정답이 있음을 알아야 한다. 열쇠가 있음을 알아야 한다. 해결책이 있음을 알아야 한다.

냉전 시대에 미국과 소련이 우주개발을 놓고 라이벌처럼 앞서거니 뒤서거니 열을 올리고 있었다. 우주인들에게 평소에는 문제가 없는데 우주에 나가면 생기는 문제가 있었다. 우주는 무중력 상태라 볼펜 잉크가 나오지 않는 것이었다. 두 나라 모두 개발에 실패하는 상황이 계속되었다. 그러던 중 미국 나사에서 이 문제를 해결하고자 수백만 달러를 들여 스페이스 볼펜을 드디어 개발했다. 폴 피셔라는 과학자가 발명한 이 펜은 일명 무중력 펜이라고 불리었다. 어느 각도로 써도 잉크가 나왔다. 압축 질소가 들어 있는 잉크 카트리지가 장착되어 있어서 영하 35도에서 영상 120도에서도 사용이 가능하고 심지어 젖은 종이에까지 쓸 수 있는 펜이었다. 사실 그동안의 문제 해결에 대한 접근

방식부터가 틀렸다. 미국은 본질에 집중했다. '왜 꼭 볼펜으로만 써야 하지?'라는 질문을 하기 시작했다. 그리하여 이 문제를 10원도 안 들여 간단하게 해결했다. 바로 연필을 사용한 것이다. 메모의 본질은 쓰는 것이다. 볼펜으로만 쓸 수 있는 것이 아니다. 우주에서도 연필로 얼마든지 집에서처럼 필기가 가능했다. 하지만 미국도 처음에는 '글을 쓰기 위해서는 어떻게든 볼펜을 사용해야 한다'라는 고정관념 때문에 수백만 달러를 낭비한 셈이 되었다.

그러니 이제 정작 중요한 것 몇 가지를 확인해야 한다.

문제의 핵심 본질을 확인하라.

중풍 병자도 마찬가지였다. 병을 고쳐야 한다는 본질적인 문제보다는 누군가가 자신을 도와서 연못에 물이 동할 때에 제일 먼저 집어넣어 주어야만 병을 고칠 수 있다는 생각을 갖고 있었다. 볼펜으로만 글을 써야 한다는 생각과 같은 문제이다. 예수님은 38년 된 중풍 병자를 치료했다. "일어나 네 자리를 들고 걸어가라!"

할렐루야를 해도 모자랄 판에 유대인들은 이 와중에도 트집을 잡는다. 안식일에 일을 해서는 안 된다는 해석을 율법적으로 지엽적으로 해석하였기 때문이다.

"안식일인데 네가 자리를 들고 가는 것이 옳지 아니하니라!"

시대가 바뀌어 지금도 유대인들은 웃기지 않은 율법을 들이댄다. 형광등을 켜는 것은 노동이고, 전날 미리 켜 놓은 건 괜찮단다. 그래서 유대인들은 형광등을 안식일 전날에 미리 켜 놓는다. 마이크 앰프 스위치를 올리는 것도 노동이란다. 그런데 전날 미리 앰프 스위치를 올려 놓는 건 괜찮단다. 이게 말이나 되는가?

요즘 취업을 위한 성형수술이 유행이다. 잘생겨지는 수술이 아니다. 병원 위에는 관상을 보는 점집이 있다. 관상쟁이가 운수 대통하는 상담을 해 준다. 관상쟁이가 지적해 준 대로 의사는 귀나 코나 입을 늘리거나 줄여 주고 병원 옆에는 대부 업체에서 대부 상담을 해 준다. 관상이 문제의 본질인가? 정작 중요한 건 마음이다. 마음의 본질을 찾는 것이 우선이다.

인천의 디자이너스 클럽이라는 호텔을 갔다. 스위트룸을 잡아 줘서 묵었는데 상당히 비싼 방이었다. 알고 보니 교회에서 비용을 부담한 것이 아니었다. 부흥회를 하는 기간 동안 고등학교를 갓 졸업하고 공기업에 취업한 학생이 하루 숙소 비용을 부담한다고 해서 묵게 된 숙소였다. 정말 놀랐다. 목사님께 여쭈어 보았더니 이 청년은 새벽기도를 한 번도 빠지지 않고 나왔고, 학교에서도 성실하게 공부를 잘해서 학교장 추천으로 명문대 졸업생도 꿈꾸는 공기업에 추천으로 바로 들어간 학생이라고 소개했다. 아, 요즘에도 이런 신실한 청년이 있다니! 얼마나 감사한 일인지 모른다. 성실함이 술수를 이긴다.

난 '쇼미더머니'라는 프로를 꼭 챙겨 본다. 쇼미더머니 5 우승자가 비와이(크리스천 래퍼, 본명 이병윤)였다. 욕설도 안 하고, 금장식을 하지도 않는다. 그는 성경 구절로 랩을 한다. 스웩이 없다고 비난했지만 오직 래퍼의 본질, 랩으로 승부를 걸었다. 그는 진정한 본질의 중요성을 일깨워 준 시대의 히어로이다. 비와이는 주안장로교회에 다니는 청년이었다. 준우승자인 씨잼도 같은 교회 다니는 친구다. 그래서 수많은 래퍼들에게 교회 다니기 열풍이 불었다. 래퍼의 본질은 랩이다. 본질에 충실한 비와이를 이길 자가 없었다.

요즘 젊은이들에게 코란 외우기 열풍이 분다고 한다. 일본인들 일곱 명이 IS에게 살해당한 이유가 코란을 외우지 못해서였다고 하자 코란을 외운다고 한다. 코란을 외우는 게 본질인가? 차라리 코란을 외울 시간에 호신술이나 달리기 운동을 하는 게 낫지 않은가? IS에 대한 본질은 악의 세력인 IS를 대적하여 제거하는 것이다. 그들을 이기는 방법을 찾는 것이 본질이다. 겨우 잡혔을 때 살아나기 위해 코란이나 외우는 것은 본질과는 거리가 멀다.

교회의 본질은 아버지가 누구인지 알고 돌아와 회개한 이들의 것이다. 교회는 장자들의 놀이터가 아니다. 본질로 돌아와라.

신앙의 본질을 확인하자.

중세 시대를 암흑시대라고 한다. 이 시대에는 정말 말도 되지 않는 문제들로 신학적인 논쟁을 벌였다. 신학자들은 하나님의 말씀을 연구하지 않고 본질과는 거리가 먼 지엽적인 문제들로 시간을 낭비했다. 교황은 하나님처럼 모든 권력을 가지고 누리며 휘둘렀다.

바늘 끝에 천사가 내려와 몇 명이나 앉을 수 있을까?
예수님을 십자가에 못 박은 못은 몇 개일까?
포도주에 빠진 쥐 새끼가 포도주로 인해 거룩해진 것인가? 쥐 새끼로 인해 포도주가 더러워진 것인가?

　중세 시대에 교황은 하늘 높은 줄 모르고 왕의 권력까지도 스스로 취했다. 세속적인 자리까지 탐한 것이다. 그래서 중세 시대를 암흑시대라고 한다. 오늘날도 교회가 세상을 탐하기 시작하자 문제가 생기기 시작했다.

　'피아노를 왼쪽에 놓아야 하는가, 오른쪽에 놓아야 하는가?' 하는 문제로 싸우다가 교회가 갈라진 곳도 있다. 지엽적인 문제가 항상 먼저인 것처럼 착각하게 만들어 교회를 분열시킨다.

　교회는 본질을 붙들어야 한다. 오늘 교회의 진짜 문제가 무엇인가? 예수 그리스도의 십자가의 보혈을 잃어버린 것이 문제 아닌가? 십자가 보혈의 은혜가 사라진 것이 문제 아닌가? 십자가의 은혜가 살아 있는 사람, 십자가 보혈의 은혜가 흘러넘치는 사람은 어떤 일이 일어나도, 더 아픈 일이 일어나도, 더 기가 막힌 상황과 사람을 만나도 감사하고 이기게 된다. 구원받은 사람이 일어나, 절망 중인 사람들이 일어나, 38년간 중풍을 앓았던 병자가 일어나 고침을 받은 사건보다 더 본질적인 사건이 무엇인가? 왜 비난하는가? 왜 문제 제기를 하는가?

　사도행전 3장에 날 때부터 앉은뱅이였던 한 거지를 주님께서 "은과 금은 내게 없거니와 내게 있는 것을 네게 주노니 곧 나사렛 예수의 이름으로 일어나 걸으라!" 명령하여 낫게 하셨다. 베드로는 베데스다 연못의 사건을 너무도 똑똑하게 기억하고 있었다. 사역의 본질은 예수 그리스도를 만나 치유하는 것이다. 회복하는 것이다. 일어나 걷고 뛰며 찬양하는 것이다.

빌 클린턴은 재임 선거에서 패색이 짙었다. 도저히 이길 수가 없는 선거에서 그가 생각해 낸 한마디가 판을 뒤집었다. "문제는 경제야!" 그는 경제 문제에 집중했다. 결국 선거에서 대역전극을 이끌어 냈다. 본질에 집중하라. 고정관념을 탈피하라. 거꾸로 생각하라. 땅만 보지 마라. 하늘을 보라. 그곳을 바라보면 새로운 세상이 열릴 것이다.

문제는 예수님을 못 만난 거야!
바보야, 문제는 십자가야!
예수가 답이다!
예수가 길이다!
예수가 진리다!
예수가 생명이다!

열정은 결정이다

임마누엘 칸트가 젊었을 때 일이다. 그에게도 사랑이 찾아왔다. 그런데 시간이 지나도 칸트는 사귀던 여인에게 청혼을 하지 않았다. 기다리다 못한 여인이 칸트에게 청혼했다. 그러자 칸트는 이렇게 말했다.

"잠깐만요, 제게 좀 연구할 시간을 주세요."

답답한 여인은 이렇게 말했다.

"청혼을 허락하겠다는 거예요, 말겠다는 거예요? 대답을 분명히 해 주세요."

"제게 결혼에 대해 생각할 시간이 필요해요."

그렇게 칸트는 눈이 오나 비가 오나 바람이 부나 도서관에 앉아 결혼에 관계된 책을 모두 읽고 연구하기 시작했다. 장장 7년이란 시간이 흘렀다. 마침내 칸트는 결론을 낼 수 있었다.

"결혼을 해도 되겠다!"

그러고는 그녀의 아버지를 찾아갔다.

"아버님, 따님과 결혼하겠습니다. 허락해 주십시오!"

"뭐라고? 이미 늦어도 한참 늦었네. 이미 그 애는 결혼해서 두 아이의 엄마가 됐네!"

아무리 똑똑해도 이런 바보 같은 결정이 어디 있겠는가? 열정적으로 결혼에 대해 연구하는 게 더 열정적인가? 사랑하는 사람을 만나 열정적인 사랑을 하는 게 더 열정적인가? 두말하면 입만 아프다.

한복 명인이신 김광순 권사님이란 분을 만났다. 이분은 나의 설교를 듣고 크게 은혜를 받고 필요하시다면 자신의 생명을 주고 안호성 목사의 생명을 연장시켜 달라고 기도하신다고 하시는데 울컥했다. 나도 그런 기도는 잘 안 한다. 물론 생명이 경각에 달린 성도를 위해서 기도한 적은 있다. 아직 내게도 열정이 살아 있다는 증거다. 물질을 주고, 봉사하고, 도와주고, 이런 것은 쉽게 할 수 있지만, 생명을 주는 기도는 흔하지 않다. 권사님의 열정에 놀라지 않을 수 없었다.

우리 딸 안나가 처음 학교에 들어가서 시험을 보고 시험지를 가져왔다.

"아빠 말대로 시험 잘 봤어. 괜찮아. 다음에 잘 보면 돼."

"어? 그으래……."

그 말은 내가 할 말인데 안나가 한다. 세상에 그런 점수는 처음 보는 점수였다. 너무도 진지하게 고민하며 풀다가 그만 뒷장은 풀지도 못한 채 시험을 봤다고 하는데, 딱 그 점수가 나왔다. 이 사건을 통해 깨달은 진리는 이것이다.

정답을 알아도 순종을 하더라도
시간이 중요하다. 늦으면 아무 소용없다.

분명한 하나님의 말씀을 깨달았다면 즉시 해야 한다. 40일 금식기도를 한다고 산에 올라갈 일이 아니다. 40일 금식기도를 해야 할 일이 있고, 즉시 순종해야 할 일이 있다. 잘 분별해야 한다.

계3:15-16

내가 네 행위를 아노니 네가 차지도 아니하고 뜨겁지도 아니하도다 네가 차든지 뜨겁든지 하기를 원하노라 네가 이같이 미지근하여 뜨겁지도 아니하고 차지도 아니하니 내 입에서 너를 통하여 버리리라 하나님은 뜨거운 신앙의 열정을 원하신다. 미지근하여 뜨겁지 않은 신앙은 냉정하리만큼 가혹하게 책망하신다. 사람들은 나를 보고 열정적이라고 말한다. 이런 소리를 정말 많이 듣는다. 정말 그런가? 어느 교회에 갔더니 목사님께서 설교를 듣고 나서 이렇게 말씀하신다.

"목사님, 제가 몇 년 만에 이렇게 열정적인 설교를 듣고 은혜를 받았는지 모르겠습니다."

스스로 되묻는다,

'내가 정말 열정적인가?'

나는 코뿔소나 불도저 같은 목사가 아니다. 섬세하고 감정적이며 정적이기도 하다. 말이 좀 과격해서 그렇지 참 마음이 따뜻(?)하다. 믿지 않을지 모르겠지만 혼자 조용히 앉아 책을 읽으면 딱 좋은 사람이다. 잎새에 이는 바람에도 괴로워하는 소심한 목사다. 밤새도록 잠을 안 자며 뭔가를 이루기 위해 처절하게 올인하는 스타일도 아니다. 일반적인 사람들이 생각하는 열정과는 거리가 멀다. 그런데도 다른 사람들이 열정적이란다. 왜 그럴까? 가만히 생각해 봤다. 일반적인 사람들의 열정과는 약간 다른 점을 발견했다. 나는 '이것이 하나님의 말씀이다! 이것이 하나님의 뜻이다!'라고 결정이 나면 가차 없이 순종했다. 그 자리에서 순종을 결정하고 실행한 것이 나를 열정적인 목사로 만들었다.

나는 열정이란 '헌신과 희생에 대한 결정'이라고 생각한다. 일단 결정했다면 머뭇거리지 않고 지체 없이 순종한다. 그 누구도 막을 수 없다. 이 일 하다 죽을 것처럼 목숨 걸고 실행한다. 결과가 어떻겠는가?

대성공이 나를 맞이하러 온다. 큰 기쁨이 온다. 자유가 밀려온다. 그것이 내가 하는 열정이다.

> 열정은 헌신과 희생에 대한 결정이다.
> 지체 없이 순종하는 것이 열정이다.

아브라함에게 하나님께서 아들 이삭을 번제로 바치라고 명령하셨을 때 아브라함은 이렇게 반응하지 않았다.

"하나님, 아내 사라와 상의 좀 해 보고요. 최소한 40일 금식기도는 해 봐야 하지 않겠습니까?"

만약 이렇게 했다면 믿음의 조상 아브람은 없었을 것이다. 아브라함은 열정의 사람이었다. 바로 다음 날 아침 일찍 일어나 이삭을 데리고 3일 길이나 되는 모리아 산을 향했다.

본토 친척 아비집을 떠나라고 명령했을 때도 아브라함은 지체하지 않고 고향을 떠났다. 많은 사람들의 신앙에 브레이크가 걸리는 것은 이것저것 다 따지다가 순종의 기회를 놓쳐 버리기 때문이다. 전도하라고 할 때 전도하면 된다. 하지만 이것저것 다 재 보다가 결국 한 명도 전도하지 못한다. 헌신의 기회가 왔을 때 헌신하면 되는데 이것저것 핑계 대다가 결국 헌신의 기회를 영영 놓쳐 버린다. 열정 없는 믿음이기 때문이다.

베드로는 배와 그물을 버려두고 예수님의 말씀에 곧바로 순종했다. 다윗은 40일 동안 골리앗을 피해 머뭇거리며 숨어 있는 이스라엘 군대들 사이에서 박차고 나와 골리앗과의 정면 대결을 선언했다. 엘리야는 당대뿐 아니라 이스라엘 전 역사를 통틀어 가장 사악하고 잔인한 왕이었던 아합 앞에서도 당당하였고 하나님의 영광을 위해 갈멜 산에서 850:1의 싸움에서 홀로 맞짱을 떠 승리하였다. 마리아는 헌신보다는 계산하기에 앞섰던 사람들 사이에서 가장 귀한 향유 옥합을 깨뜨려 방 안 가득 향기가 넘치게 하는 열정이 있었다.

열정이란 무엇인가? 하나님의 결정을 따르는 것이다. 내 것이 아닌 하나님의 것을 선택하는 것이다. 사복음서에 보면 예수님의 기록 중에 '즉시'라는 단어가 많이 나온다. 마태복음 8장 3절에 나병 환자에게 손을 내밀어 '즉시' 그의 병을 깨끗하게 하셨다. 마태복음 8장 13절에는 백부장의 믿음을 보시고 하인을 '즉시' 낫게 해 주셨다. 마태복음 9장 22절에는 열두 해를 혈루병을 앓던 여인의 믿음을 보시고 '즉시' 낫게 하사 구원을 받게 하셨다. 예수님은 우리의 순종에 즉시 행하신다. 주님은 머뭇거리지 않으신다.

열정적인 사람들의 특징이 무엇인가? 바로 결정력이다. 하나님의 뜻대로 순종하려 할 때 단호하게 결정하고 머뭇거리지 않는 담대함을 믿음의 사람들은 공통적으로 갖고 있었다. 뜨거운 사랑, 열정 있는 사역자는 헌신과 희생에 머뭇거림이 없다.

마태복음 13장 44절에 천국을 감추인 보화에 비유한다. 밭에서 감추인 보화를 발견한 사람은 물불 안 가리고 그 밭을 사지 않겠는가? 천국신앙이란 무엇인가? 즉시 땅을 팔아 보화가 묻힌 밭을 사는 것이다. 100억이 묻힌 100평짜리 마늘밭이 있다고 하자. 평당 10만 원인데

5만 원을 주인이 더 올려 받겠다고 해도 가진 것을 다 팔아 빚이라도 져서 즉시 사지 않겠는가? 머뭇거릴 사람이 있겠는가? 확실하다면 물불 안 가리고 먼저 취하는 게 임자 아닌가?

머뭇거림이 바로 불신앙이다. 여호수아 18장에 보면 분배를 받지 못한 일곱 지파가 있었다. 여호수아는 여호수아 18장 8절에서 이렇게 질책한다.

"너희 조상의 하나님 여호와께서 너희에게 주신 땅을 점령하러 가기를 어느 때까지 지체하겠느냐!"

지체하는 것이 불신앙이다. 엘리야는 850:1의 싸움을 갈멜 산 꼭대기에서 홀로 감당하며 이스라엘 백성들에게 머뭇머뭇하지 말고 선택의 결단을 할 것을 명한다.

왕상18:21
엘리야가 모든 백성에게 가까이 나아가 이르되 너희가 어느 때까지 둘 사이에서 머뭇머뭇하려느냐 여호와가 만일 하나님이면 그를 따르고 바알이 만일 하나님이면 그를 따를지니라 하니 백성이 말 한 마디도 대답하지 아니하는지라

영국에 배우를 지망하던 소년이 있었다. 그는 연극 무대에 서기 위해 노력했지만 아무도 그를 무대에 세워 주지 않고 청소와 허드렛일만 시켰다. 그러던 어느 날 그에게 기회가 찾아왔다. 궁중에서 잔치가 열렸는데 전쟁터에서 달려와 임금에게 급보를 알리는 병사의 역할을

맡은 배우가 그날 사정상 빠져 대신하라는 것이었다. 사실상 단역, 엑스트라급 연기에 불과했다. 대사는 단 한 줄. 드디어 공연 날이 되었다. 그런데 이 소년은 연극 무대가 오르기도 훨씬 전인 아침부터 왔다. 그러더니 극장 뒷마당으로 나가 달리기 시작했다. 해가 지고 저녁 무렵, 무대에 막이 오를 때까지 달리고 또 달렸다. 온몸은 땀투성이에 흙먼지투성이였다. 마치 전쟁터에서 하루 종일 달려온 듯한 병사의 모습을 보고 관객들은 놀라움을 금할 길이 없었다. 숨을 헐떡이며 대사 한 줄을 내뱉은 그는 이후 세계적인 명배우로 이름을 날리게 되었다. 그는 바로 영국 연극 무대를 한 차원 끌어 올린 로렌스 올리비에였다.

　기회가 오면 하지, 기회가 되면 하지, 환경이 되면 하지, 환경이 좋아지면 될 거야 하는 모든 핑계는 소용없다. 머뭇거리다가 아무것도 못 한다. 로렌스 올리비에는 평소에 칼을 갈며 준비했다. 그는 단 한 번 서게 된 무대를 위해 열정을 불태웠던 것이다.

　열정이란 결정이다. 결정은 이후의 삶을 완전히 뒤바꿔 버린다. 언제까지 다람쥐 쳇바퀴만을 돌 것인가? 거기서 나오라. 두려워 말고 뛰어서 나오라. 오직 열정과 순종으로.
　열정은 헌신과 희생에 대한 결정이다.
　지체 없이 순종하는 것이 열정이다.

　열정적인 삶을 결정하는 우리가 되기를 간절히 바란다.

어떻게 그 분을 기쁘시게 할까?

신앙은 결국 선택의 연속이다. 가치 있는 것, 중요한 것, 생명이 있는 것을 선택하는 것이 신앙이다. 최종결정의 결론이 하나님의 말씀, 하나님이라면 바른 신앙이다. 사도 바울은 우리에게 이렇게 권면한다.

롬12:1~2
그러므로 형제들아 내가 하나님의 모든 자비하심으로 너희를 권하노니 너희 몸을 하나님이 기뻐하시는 거룩한 산 제물로 드리라 이는 너희가 드릴 영적 예배니라
너희는 이 세대를 본받지 말고 오직 마음을 새롭게 함으로 변화를 받아 하나님의 선하시고 기뻐하시고 온전하신 뜻이 무엇인지 분별하도록 하라

이 세대를 본받지 말라는 뜻이 무엇인가? 이 시대를 따라가지 말라는 것이다. 물질을 따라 탐욕으로, 다원주의로, 인본주의로 세대의 흐름을 따라가는 것이 아니라 신본주의로, 하나님을 따라 살아가는 것이 진정한 신앙이다.

두려움과 탐욕을 내려놓으면 하나님을 기쁘시게 하는 삶을 살 수 있다. 그렇다면 어떻게 해야 하나님을 기쁘시게 살 수 있겠는가? 둔탁한 것은 힘이 없다. 주먹으로 누르면 견딜 만하다. 하지만 송곳으로 누

르면 당할 자가 없다. 집중력의 힘이다. 하나님의 말씀도 두루뭉술 적용하는 것이 아니라 분명하게 적용할 때 능력이 나타난다.

살전4:1

그러므로 형제들아 우리가 끝으로 주 예수 안에서 너희에게 구하고 권면하노니 너희가 마땅히 어떻게 행하며 하나님을 기쁘시게 할 수 있는지를 우리에게 배웠으니 곧 너희가 행하는 바라 더욱 많이 힘쓰라

그렇다면 하나님을 기쁘시게 하는 방법은 무엇인가?

첫째는 순종하는 것이다. 어떻게 사는 것이 하나님을 기쁘시게 하는 것을 알았다면 그것을 더욱 많이 행하라고 말씀하고 있는 것이다. 행할 때에 기쁨이 있고 능력이 있는 것이다. 히브리서 11장 6절에서도 이렇게 말씀하신다.

믿음이 없이는 하나님을 기쁘시게 하지 못하나니 하나님께 나아가는 자는 반드시 그가 계신 것과 또한 그가 자기를 찾는 자들에게 상 주시는 이심을 믿어야 할지니라

하나님께서 상 주시는 분이심을 믿을 때 하나님을 기뻐하신다는 것이다. 상은 누가 받는가?

히11:7

믿음으로 노아는 아직 보이지 않는 일에 경고하심을 받아 경외함으로 방주를 준비하여 그 집을 구원하였으니 이로 말미암아 세상을 정죄하고 믿음을 따르는 의의 상속자가 되었느니라

노아는 방주를 준비하는 행함으로 구원의 상을 받았다. 8절에서도 '믿음으로 아브라함은 부르심을 받았을 때에 순종하여 장래의 유업으로 받을 땅에 나아갈 새 갈 바를 알지 못하고 나아갔으며'라고 하였다. 아브라함은 순종으로 행함으로 믿음을 보였다.

믿음의 정체는 순종이다. 믿음은 순종과 실천으로 표현될 때 하나님이 기뻐하시는 믿음이 된다. 순종을 가로막는 것은 두려움이다. 하나님보다 사람을 더 두려워하면 하나님께 순종하지 않고 사람에게 굴종하게 된다. 사울왕은 하나님께 순종하지 못한 이유를 백성(사람)을 두려워했기 때문이라고 말한다.

삼상15:24

사울이 사무엘에게 이르되 내가 범죄하였나이다 내가 여호와의 명령과 당신의 말씀을 어긴 것은 내가 백성을 두려워하여 그들의 말을 청종하였음이니이다

잠언 29장 25절 말씀에는 사람을 두려워하면 올무에 빠진다고 경고하고 있다.

잠29:25

사람을 두려워하면 올무에 걸리게 되거니와 여호와를 의지하는 자는 안전하리라

삼상15:22~23

사무엘이 이르되 여호와께서 번제와 다른 제사를 그의 목소리를 청종하는 것을 좋아하심같이 좋아하시겠나이까 순종이 제사보다 낫고 듣는 것이 숫양의 기름보다 나으니
이는 거역하는 것은 점치는 죄와 같고 완고한 것은 사신 우상에게 절하는 죄와 같음이라 왕이 여호와의 말씀을 버렸으므로 여호와께서도 왕을 버려 왕이 되지 못하게 하셨나이다 하니

하나님은 그의 목소리를 듣고 순종하는 것을 숫양의 제사, 기름보다 더 기뻐하신다는 것이다. 뭔가 우리가 말씀을 듣고 말씀대로 살아가려고 몸부림을 치면 하나님은 그것으로 인해 기뻐하신다.

두 번째는 회개이다. 교회 안의 사람들도 가만히 살펴보면 문제를 일으키는 사람들이 있다. 예를 들면 95명의 사람들이 은혜 받고 순종하고 잘 따르고 있지만, 5명은 끝까지 불순종하거나 삐딱선을 탄다. 목회자의 가슴을 안타깝게 하고 아프게 한다. 경제논리로 합리적 리더십의 원리로 따지면 5명은 버리고 95명은 끝까지 붙들고 가면 더 빨리 목적지에 이룰 수 있다고 말한다. 그런데 목회는 그렇지 않다. 5명에게 더 많은 시간과 기도와 영적인 에너지를 쏟는다. 느리게 가는

것 같지만 그렇게 하는 것이 목회의 정석이다. 세상원리와는 정반대로 넘어진 자, 걸림돌이 되는 자, 거역하는 자에게 더 많은 관심과 사랑을 쏟는 것이다.

눅15:7
내가 너희에게 이르노니 이와 같이 죄인 한 사람이 회개하면
하늘에서는 회개할 것 없는 의인 아흔아홉으로 말미암아 기뻐
하는 것보다 더하리라

회개할 것 없는 의인 아흔아홉보다 잃어버렸던 회개한 죄인 한 사람으로 인해 하나님께서는 더 기뻐하시는 것이다.

가만히 우리가 가진 것을 살펴보라. 물질이 많은가? 재능이 많은가? 무엇이 많은가? 세상에서 놓고 볼 때 내놓을 만한 것이 별로 없다. 그런데 우리가 공통점으로 많이 가지고 있는 것이 있다. 그것은 바로 죄다. 죄는 그 누구보다도 풍성하지 않은가? 하나님 앞에 우리가 할 일은 우리의 죄를 고백하고 회개하는 것이다.

현실적으로 다니엘, 다윗, 아브라함의 삶을 살 수 있겠는가? 다니엘처럼 사자 굴이며 풀무 불에 들어갈 믿음이 있는가? 다윗처럼 10년 동안 사울왕의 3,000명의 정예군대에 쫓겨 도망 다닐 수 있겠는가? 아브라함처럼 100살이 될 때까지 약속의 아들을 기다리며 하나님이 지시한 땅에 갈 수 있겠으며, 100세에 낳은 아들 이삭을 번제로 바칠 수 있겠는가? 아무리 생각해 봐도 의인의 믿음을 흉내 내기도 버겁다.

우리의 행위로는 하나님을 기쁘시게 한다는 것이 대단히 어렵다는 것을 현실적으로 알 수 있다. 그런데 하나님을 기쁘시게 할 수 있는 매우 쉬운(?) 방법이 있다. 바로 우리의 허물과 죄를 회개하는 것이다.

눅15:10
내가 너희에게 이르노니 이와 같이 죄인 한 사람이 회개하면 하나님의 사자들 앞에 기쁨이 되느니라

우리의 게으름과 나태, 온전히 하나님을 향하지 못하고 한 발은 세상에, 한 발은 교회에 놓고 살아가는 모습을 회개할 때 하나님은 기뻐하신다. 우리 교회는 잃어버린 양을 찾아 매일 전도한다. 잃어버린 양들을 주님 품에 안겨드릴 때 하나님께는 최고의 기쁨이 된다.
세 번째는 헌신이다. 헌신할 때 하나님은 기뻐하신다.

빌4:14~15
그러나 너희가 내 괴로움에 함께 참여하였으니 잘하였도다 빌립보 사람들아 너희도 알거니와 복음의 시초에 내가 마게도냐를 떠날 때에 주고받는 내 일에 참여한 교회가 너희 외에 아무도 없었느니라

사도 바울은 선교사역을 물질적으로 후원한 빌립보 교인들의 헌신을 감사했다.

빌4:16

데살로니가에 있을 때에도 너희가 한 번뿐 아니라 두 번이나 나의 쓸 것을 보내었도다

데살로니가에서 사역할 때도 두 번씩이나 쓸 것을 보내었음을 말하고 있다. 결론적으로 사도 바울은 자신의 필요를 채운 빌립보 교인들의 헌신을 하나님께 기뻐하신다고 말씀하고 있다.

빌4:18

내게는 모든 것이 있고 또 풍부한지라 에바브로디도 편에 너희가 준 것을 받으므로 내가 풍족하니 이는 받으실 만한 향기로운 제물이요 하나님을 기쁘시게 한 것이라

빌4:14~15

그러나 너희가 내 괴로움에 함께 참여하였으니 잘하였도다 빌립보 사람들아 너희도 알거니와 복음의 시초에 내가 마게도냐를 떠날 때에 주고받는 내 일에 참여한 교회가 너희 외에 아무도 없었느니라

목회자의 괴로움에, 교회의 괴로움에 함께 참여하는 것이 하나님을 기쁘시게 하는 것이다. 자기 자식이 맨발로 걸어 다니고 있다면 누가 가만히 보고 있을 부모가 어디 있겠는가? 자기 자식이 아파 병원에 누

워 있는데 수술비가 없어 수술을 못 받고 있다면 보고만 있을 부모가 어디 있겠는가? 자식의 아픔을 내 아픔처럼 느끼고 부모님의 아픔을 내 아픔처럼 느끼는 것이 정상 아닌가? 교회의 아픔을 나의 아픔으로 느끼고 헌신한다면 진정 그는 헌신하는 그리스도인인 것이다.

어제 교회에서 자는데 비가 오고 바람이 불었다. 내 방은 6층 높이의 끝 방이다. 옆 교육관 건물과 딱 80cm 사이가 벌어져 있는데 그 사이로 바람과 비가 어찌나 창문을 때리는지 잠을 몇 번이나 깼다.

'내일 아침에도 비가 오고 바람이 불면 어떡하나?'

성도들이 행여나 교회에 많이 빠질까 봐 걱정이 되었다. 다행히 아침이 되자 비도 그치고 바람도 그쳤다. 목사의 마음은 온통 성도 생각뿐이다. 성도들도 온통 목사와 교회의 성도들 생각만 해야 건강한 교회 아닌가?

네 번째는 예배이다.

롬12:1
그러므로 형제들아 내가 하나님의 모든 자비하심으로 너희를 권하노니 너희 몸을 하나님이 기뻐하시는 거룩한 산 제물로 드리라 이는 너희가 드릴 영적 예배니라

하나님이 기뻐하시는 거룩한 산 제물로 드리라고 말씀하신다. 이것이 진정한 영적 예배다. 적당한 헌신이나 봉사가 아니다. 완전한 헌신의 삶을 살아야 하나님이 기뻐하시는 삶을 살 수 있을 것이다.

순종

회개

헌신

예배

　이것이 하나님이 기뻐하시는 삶이다. 여기까지 이렇게 설교를 준비했었다. 나는 계속해서 설교준비를 한다. 심지어 꿈속에서도 설교한다. 설교하는 내 모습을 보다가 미처 준비하지 못한 설교가 나올 때가 있다. 원고를 다 정리해서 마치려 할 때 하나님께서 내게 깨닫게 해주시는 말씀이 한 가지가 더 있었다.

　우리는 뭔가 항상 하나님 앞에 해야 된다고 생각했다. 하나님께서 다시 깨닫게 해주셨다. 뭘 해도 우리는 완벽하고 완전하신 하나님을 만족시킬 수 없다는 것을 깨달았다. 하나님께서는 예수님의 이름으로 하나님 앞에 나온 우리를 그냥 기뻐하신다는 것을 깨달았다. 종교인들은 공양을 하고 공력을 쌓아 선행으로 신께 나아가지만 기독교인은 그렇지 않다. 명절에 자식이 아버지를 찾아가면서 선행을 자랑하러 가는 자가 있는가?

　우리 아버지 목사님과 지난번에 함께 집회를 하면서 일주일 동안 광주에서 보냈다. 집회 일정 때문에 함께 여행을 할 수가 없었기에 택한 차선책이다. 호텔 로비에서 기다리는데 나를 알아보시는 분들이 반가워했다. 유명 연예인도 아닌데, 광주에 하도 자주 가다 보니 많은 성도님들이 알아본다. 멀리서 지켜보던 아버지의 흐뭇해 보시는 모습을 보았다.

그런 기쁨도 잠시, 호텔에서 쓰러져 이틀 동안 음식도 못 먹고 실신한 채 누워 지냈다. 집회를 포기해야 할 지경이었다. 아버지가 그 모습을 보시고 펑펑 우셨다. 아버지가 그렇게 가슴 아파 하시는 모습을 처음 보았다. 아버지가 그때 처음으로 나를 말리셨다.

"아들, 이렇게까지 말씀을 전하러 다녀야 되냐? 안 다니면 안 되냐?"

"아니에요, 아버지. 제 사명이에요."

아버지가 가슴 아프게 우시니 나도 아팠다. 그게 아버지와 아들이다. 다행히 기적적으로 회복되어 광주 집회를 마무리할 수 있었다. 더 큰 은혜를 나눌 수 있었다. 집회가 끝났는데도 많은 목사님들이 호텔까지 찾아왔다. 호텔 로비에서 광주의 많은 목사님들과 교제를 나누었다. 먼 곳에서 아버지는 이 모습을 지켜보셨다. 모든 목사님들이 다 돌아가고 나서 아버지는 이렇게 말씀하셨다.

"너의 선택이 옳았다, 아들."

광주에서 집회를 할 때 아버지가 호텔 옆방에 계시다는 것 하나만으로 든든했다. 참 이상하다. 특별히 아버지가 아들을 위해 매니저 노릇을 하거나 도우신 것도 아니었는데 함께 계시다는 것만으로도 든든했다. 아버지는 집회 내내 아들이 하나님께 쓰임받는 모습을 지켜보며 기뻐하셨다.

습3:14~17

시온의 딸아 노래할지어다 이스라엘아 기쁘게 부를지어다 예루살렘 딸아 전심으로 기뻐하며 즐거워할 지어다
여호와가 네 형벌을 제거하였고 네 원수를 쫓아냈으며 이스라엘 왕 여호와가 네 가운데 계시니 네가 다시는 화를 당할까 두려워하지 아니할 것이라
그날에 사람이 예루살렘에 이르기를 두려워하지 말라 시온아 네 손을 늘어뜨리지 말라
너의 하나님 여호와가 너희 가운데에 계시니 그는 구원을 베푸실 전능자이시라 그가 너로 말미암아 기쁨을 이기지 못하시며 너를 잠잠히 사랑하시며 너로 말미암아 즐거이 부르며 기뻐하시리라 하리라

하나님께서는 우리를 자녀 삼으시고 자나 깨나 불철주야 사랑하시고 기뻐하시는 것이다. 뭔가 잘하고 뭔가 대단한 일을 해야만 기뻐하시고 사랑하시는 것이 아니다. 하나님께서는 우리 존재하는 것 자체만으로도 항상 도우시고 구원을 베푸시며 기뻐하신다.

부모와 자식 관계는 행함이 앞서는 사이가 아니다. 관계가 먼저다. 그것으로 인해 고난이 와도 때로는 영광이 와도 변함없는 기쁨의 관계다. 하나님께서는 우리를 기뻐하신다. 허물이 많아도, 죄가 많아도, 무능해도, 예수 그리스도의 십자가 보혈의 은혜를 믿고 나아온 우리를 절대로 내치지 않으신다. 주 앞에 나온 우리를 기뻐하시

는 것이다.

  종교인은 신을 만족시키려고 발버둥 치지만 그리스도인은 하나님이 아버지라서 너무 행복한 것이다. 이 비밀을 깨닫고 누리고 감사하면서 사시기를 간절히 바란다.

4

멋진 일, 그 후

멋진 일, 그 후

사명인생 – 곧 간다고 전해라!

'백세인생'이라는 노래가 공전의 히트를 쳤다. 가사의 끝에는 후렴구처럼 이런 말이 나온다.

"못 간다고 전해라!"

25년 무명 가수 생활을 했던 이애란이란 분은 이 노래로 하루아침에 스타가 됐다. 백세인생은 못 갈지 모르겠지만, 사명인생은 '곧 간다고 전해라!'가 된다. 세상 사람들은 죽지 않으려고 바둥거리며 더 잘 살아 보려고 속이고 빼앗고 짓밟고 배신하며 흉보고 등지며 살아간다. 하지만 그리스도인들은 오히려 죽음을 불사한다. 사명을 위해 손해 보고 포기하고 아프고 힘들고 좁은 길을 찾아 달려간다. 우리는 오히려 "참참참 피 흘리신……." 이 사명자의 찬양에 가슴이 뜨거워진다. 성령이 이끄시는 대로 생명을 아까워하지 아니하고 사명을 향해 달려가는 사도바울의 모습, 이것이 진정한 사명자의 모습이요 우리가 갖춰야 할 기본자세이다.

그렇다면 '곧 간다고 전해라!'는 사명자의 모습은 어떤 모습일까?

1. 사명자의 삶이 바로 행복이다!

요나 3일 영성기도원에서 어떤 목사님이 15일간의 금식기도를 마치고 다음과 같은 소감문을 썼다.

"가장 행복한 사람은 자기가 하고 싶은 일을 하며 사는 사람입니다. 단 하루를 살더라도 자기가 하고 싶은 일을 마음껏 하고 산다면 이보다 더 큰 행복은 없을 것입니다."

자기가 하고 싶은 일을 마음껏 하고 산다면 인생은 달라질 것이다. 그렇다면 그리스도인이 정작 하고 싶은 일이 무엇인가? 그것은 바로 그리스도인의 사명을 발견하고 그 일을 하는 것이다. 자신의 본질, 자신의 아이덴티티, 정체성을 발견하는 일이 행복으로 가는 지름길이다.

하용조 목사님은 행복에 대하여 이렇게 말하였다.

"어떤 사람은 건강해야 행복하다고 생각하고 가정이 있어야 행복하다고 생각합니다. 어떤 사람은 권력이 있어야 행복하다고 생각합니다. 그러나 그것이 정말 행복일까요? 성경에서 예수님께서는 우리하고 전혀 다른 가치관을 말씀하십니다. 만약에 행복에 대한 가치관이 달라지기만 한다면 우리는 한순간에 축복된 자로 변하게 될 것입니다."

가치관의 변화란 바로 사명을 깨닫는 것이다. 돈을, 명예를, 출세를 위해 살던 사람이 하나님의 위대한 계획, 사명을 발견하고 그것을 위해 살아가는 것이다.

> 사명자는 행복하다.
> 가장 소중하고,
> 가장 가치 있고,
> 가장 보람된 일을 알고
> 하고 있기 때문이다.

울산온양순복음교회는 이름 없는 작은 시골 개척 교회에 불과했다. 나는 이름도 없고 내세울 만한 스펙도 없는, 하루를 벌어 하루를 먹고 사는, 굶기를 밥 먹듯 했던 사람이었다. 하지만 하나님께서 울산온양순복음교회에 사명을 주시고, 내게 스펙이 없어도 전국에 있는 작은 교회를 살리라고, 희망의 불씨가 되라고 사명을 주셨다. 이 사명을 생각하면 그 어떤 어려움도 헤쳐 나갈 수 있었다.

칼 힐티의 〈잠 못 이루는 밤을 위하여〉란 책에 이런 글귀가 나온다.

"인생에서 가장 행복한 순간은 죽어도 좋을 만한 사명을 발견하는 순간이다."

조용기 목사님은 많은 사람들이 찾아와서 이렇게 묻더란다.

"목사님, 제게 주의 종이 되라고 말하는 사람이 많습니다. 하지만 저는 하나님께로부터 사명을 받았는지 안 받았는지 도통 모르겠습니다."

"형제님은 하나님께 주의 종의 사명을 받지 않았습니다."

"예? 목사님은 어떻게 한 번에 아시죠?"

"전 단번에 알 수 있습니다. 하나님께 사명을 받은 사람은 제게 와서 묻지 않습니다."

"그것만으로 알 수 있다고요?"

"그렇습니다. 사명자는 마음에 불타는 소원이 일어나서 지위도 싫고, 명예도 싫고, 돈도 싫고, 먹어도 좋고 굶어도 좋으니 주의 종이 되도록 인도해 주십시오, 라고 말할 것입니다."

어느 분이 방송에 나와서 종교 노이로제란 말을 했다. 그분의 말씀의 요는 이렇다.

"교회는 평안과 쉼을 얻기 위해 오는 곳인데, 교회에 오면 예배드려라, 헌금해라, 구역예배 드려라, 식당봉사해라, 전도해라, 선교해라, 건축헌금해라, 청소해라, 라고 다그칩니다. 가뜩이나 세상에 상처 입고 지친 사람들에게 헌신을 강요합니다. 교회 와서도 쉬기는커녕 더 힘들어집니다. 목사의 성공을 위해 착취당하고 이용만 당하는 불쌍한 교인이 됩니다. 이쯤 되면 종교 노이로제가 아닐 수 없어요."

이분은 사명에 대해 전혀 모르는 분이다. 사명자는 힘들어도 즐겁다. 너무도 십자가 은혜에 감사해서 '더 드릴 것이 없나, 이것밖에 내가 드릴 것이 없나?' 하고 늘 안타까운 마음이 든다. 드린 것을 아까워하거나 힘들어하지 않는다. 사랑하면 헌신하는 것이 행복하다.

부모는 자식을 사랑하기에 헌신한다. 희생한다. 아무도 자식의 옷과 먹을 것을 사면서 아깝다고 생각하지 않는다. 갓 태어난 아기가 밤새도록 잠을 안 자고 보채도 구박하는 부모는 없다. 똥기저귀를 갈아 주면서 더러워서 못 갈아 주겠다고 말하는 부모는 없다. 모유 수유를 하는 엄마는 세 시간마다 잠이 깨도 아기에게 젖을 물린다. 힘들어도 사랑하니까 기쁘게 하는 것이다. 5백만 원, 천만 원이나 되는 대학교 등록금을 대신 내 줘도 아깝다고 생각하며 주는 부모는 없다. 하나님께 받은 사랑을 생각하면 나의 헌신은 조족지혈, 새 발의 피다.

그리스도인들은 모두 사명자이다. 그리스도인은 행복의 기준이 다르다. 사명자가 아닌 자들은 이해할 수가 없다. 전도하고, 주말인데 놀러 가지도 않고, 쉬지도 않고, 하루 종일 교회에서 헌신하고 봉사하는 우리가 미련해 보인다. 어리석어 보인다.

많은 분들이 우리 교회 교인들이 헌신하는 것을 보면 놀란다. 우리 교회는 한 주도 사역이나 헌신을 쉬는 법이 없다. 한 주도 사명을 향한 도전을 게을리한 적이 없다. 모이면 기도하고 흩어지면 전도한다. 열외 없이 교회 일이라면 기쁜 마음으로 나선다. 어느 목사님은 나를 충고하고 뜯어 말린다.

"안 목사, 그러면 교인들 다 떠나. 큰일 나!"

마케팅 이론에서는 '손님은 왕'일지 몰라도 교회에서 교인은 사명자다. 사명자가 주의 일을 하는 것을 목사가 앞장서서 헌신하고 독려하는 것이 잘못된 것인가? 목사는 교인들의 사명을 깨닫게 하고 찾게 하고 만나게 하는 일을 해야 한다.

헌신하라면 교인들이 다 떠날 것 같은데 신기하게 안 떠난다. 헌금하라고 물질의 헌신을 말하면 다 떠나 버릴 것 같은데 안 떠나고 더 헌신한다. 사명자끼리는 아는 비밀이다.

사랑하면 시간도 아깝다. 사랑하는 사람과 두 시간을 버스를 타고 가면 매 분, 매 초가 행복하다. 하나님에 대한 사랑이 없으면 교회 옆에 살아도 예배드리러 나오는 게 괴롭다. 어느 성도가 한 말이 너무도 감사하고 기뻤다.

"목사님, 전 목사님 설교가 너무 일찍 끝날까 봐 두려워요."

말씀이 너무 좋아서, 은혜스러워서 그 시간을 보내기가 너무 싫다는 성도의 고백에 목사는 행복하기만 하다.

사도바울은 죽을 줄 알면서도 그 사명의 길을 행복하게 달려갔다. 그 사도바울의 모습을 이해할 수 있는 삶이 되기를 축원한다.

2. 일할 수 없는 밤이 오기 전에

미국을 대각성부흥운동으로 이끌었던 조지 휫필드는 '녹슬어 없어지기보다는 닳아 없어지겠다'는 유명한 말을 하였다. 매주 50시간씩 설교를 하며 살았던 조지 휫필드의 삶을 보며 나도 저렇게 살고 싶다는 다짐을 하곤 하였다. 그렇게 눈물로 기도했던 지금, 매주 50시간 이상씩 설교하는 사역자가 되었다. 사명을 기다리지 말고, 사명을 간절하게 구하라!

많은 사람들은 조건과 환경이 갖추어지면 하겠다고 한다. 그러나 이미 중요한 때는 다 지나가고 만다. 이미 사명은 끝나고 만다. 기회를 이미 놓쳐 버리기 때문이다. 젊은 날 돈을 조금 더 벌면, 공부만 조금 더 하면, 아이들 대학교만 보내고 나면, 아이들 결혼만 시키고 나면 주님의 일을 해야지 하던 사람들은 평생을 아무것도 못 한 채 시간만 보내고 늙어 버린 자신을 발견한다.

마태복음 8장 21절에 보면 제자 중 한 사람이 예수님께 이렇게 말한다.

"주여, 내가 먼저 가서 내 아버지를 장사하게 허락하옵소서."

이 말은 지금 아버지가 죽어 장사를 치르고 따르겠다는 말이 아니다. 당시 이스라엘 사람들 사이에서 이 말은 안 가겠다고 거절할 때 쓰는 관용어였다. 마치 '내 눈에 흙이 들어가야 가겠다'는 말과 같다. 그 말에 예수님은 이렇게 말씀하셨다.

"죽은 자들이 그들의 죽은 자들을 장사하게 하고 너는 나를 따르라."

사명은 지금이다. 기회는 지금이다. 핑계 대 봐야 소용없다. 주님께서는 지금 헌신하기를 원하신다.

어느 중년의 가장이 있었다. 그는 어느 날 갑자기 명퇴를 당하고 말았다. 하루아침에 실직자가 되고 나니 참담했다. 그나마 아내가 맞벌이를 해서 당장은 먹고살 위기에 처하지는 않았다. 하지만 가만히 있을 수는 없었다. 여기저기 취업을 위해 노력했다. 하지만 나이도 나이인지라 취업이 어려웠다. 그렇게 한 주가 지났다. 중년의 나이가 될 때까지 일만 하던 사람에게 일주인 간의 휴식은 정말 달았다. 아내도 동정하고 안쓰러워했다. 두 주가 지나가 코피가 나기 시작했다. 한 달이 지나자 아내의 눈치가 보이기 시작했고, 정말 일하고 싶어 미칠 지경이 되었다. 한참 일할 수 있는 나이에 일할 수 없다는 것은 큰 고통이 아닐 수 없다.

일하고 싶은데 일할 수 없다는 것은 더할 나위 없는 괴로움이다. 직장은 구하기가 어려울지 몰라도 헌신은 당장 시작하면 된다. 그 가운데 하나님께서 먼저 그 나라와 의를 구한 사람에게 좋은 직장도 허락하실 것이다.

마태복음 26장에는 향유 옥합을 깨뜨린 여인의 비유가 나온다. 당시 옥합은 1년 치 품삯에 해당될 정도로 매우 귀하고 값비싼 물건이었다. 옥합을 깨뜨려 예수님의 머리에 붓자 제자들은 이구동성으로 분개하였다.

"무슨 의도로 이것을 허비하느냐?"

예수님은 도리어 여인을 칭찬하셨다.

"어찌하여 이 여자를 괴롭게 하느냐. 그가 내게 좋은 일을 하였느니라."

하나님께 드리는 헌신과 봉사는 결코 허비하는 것이 아니다.

나는 하나님의 사명자다! 그 사명을 발견하게 해 달라고 기도한다. 거창고등학교를 명문고로 키운 전영창 교장 선생님의 '직업 선택 10계명' 중에 세 가지를 주목하기 바란다.

내가 원하는 곳이 아니라 나를 필요로 하는 곳을 선택하라.

앞을 다투어 모여드는 곳은 절대 가지 말라. 아무도 가지 않는 곳으로 가라.

왕관이 아니라 단두대가 기다리고 있는 곳으로 가라.

마태복음 16장부터 예수님께서 십자가에 달려 돌아가실 것을 말씀하신다. 제자였던 베드로는 예수님의 십자가를 매우 못마땅하게 생각했다. 그래서 이렇게 말했다.

"주여, 그리 마옵소서!"

예수님은 단호하게 말씀하셨다.

"사탄아, 뒤로 물러가라. 너는 나를 넘어지게 하는 자로다. 네가 하나님의 일을 생각하지 아니하고 도리어 사람의 일을 생각하는도다."

그리고 우리에게 십자가를 질 것을 말씀하셨다.

"누구든지 나를 따라오려거든 자기를 부인하고 자기 십자가를 지고 나를 따를 것이니라. 누구든지 제 목숨을 구원하고자 하면 잃을 것이요 누구든지 나를 위하여 제 목숨을 잃으면 찾으리라."

진짜 예수쟁이가 되기를 원하는가? 그렇다면 십자가를 져라! 십자가는 부담인 동시에 영광이다. 만만한 십자가는 없다. 자기를 부인해야만 질 수 있는 것이 바로 사명의 십자가이다. 누군가는 말했다.

"십자가 질 형편이 되지 못한다고 십자가를 질 수 없는 것이 아니다. 십자가는 원래 그것을 극복하고 상황과 처지를 이기고 자기를 부인하고 지는 것이다."

사명인생이 되어 "곧 간다고 전해라!"라고 당당히 말하는 성도들이 되기를 간절히 바란다.

만나의 은혜

만약 우리에게 모든 것이 풍족하고 다 갖추어져 있다면 하나님을 찾겠는가? 하나님께서는 우리를 가장 잘 아신다. 그래서 매일 필요한 은혜와 물질과 사랑을 주신다. 만약 내가 이렇게 외롭지 않았다면, 내가 이렇게 괴롭지 않았다면, 내가 이렇게 낮아지지 않았다면, 결코 하나님을 찾지 않았을 것이다.

보통 사람은 하루가 지나 아침이 되면 어김없이 배가 고프다. 밥을 먹어야 한다. 밥을 찾는다. 그래서 일용할 양식이다. 매일매일 일용할 양식을 주시는 분이 하나님이시다. 하나님은 1년 치, 10년 치를 왕창 주시지 않는다. 하루하루 주님을 의지해 살기를 원하신다.

우리는 하나님을 전적으로 의지하고 살아야 한다. 예수님께서는 15장에서 우리를 포도나무로 비유하시며 5절에 '나를 떠나서는 너희가 아무것도 할 수 없다'고 말씀하신다. 포도나무와 가지는 단 1mm만 떨어져 있어도 죽는다.

아기는 엄마 품을 떠나서 하루도 못 산다. 체온이 떨어져 죽고, 세균에 감염돼서 죽고, 배가 고파 죽는다. 그래서 아기에게는 엄마가 있어야 한다. 아기들은 엄마가 젖을 주지 않을까 걱정하지 않아도 된다. 재워 주지 않을까, 입혀 주지 않을까 걱정하지 않아도 된다. 엄마가 책임져 주기 때문이다. 당연히 하나님께서는 우리가 하나님의 품에 살기를 원하신다.

그러나 우리는 어떻게 사는가? 우리의 재능과 기술과 통장 잔고와 대인 관계를 믿고 사는가? 내가 주님을 떠나지 않는 한, 내가 주님을 배신하지 않는 한 절대로 만나는 떨어지지 않는다.

"우리는 절대 죽지 않습니다."

외부에 설교를 나가면 새벽에 보통 때보다 20분 먼저 일어나 기도한다.

"하나님, 저는 먼지입니다. 벌레입니다. 쓰레기입니다. 쓸모없는 무익한 종입니다. 하나님이 함께하지 않으시면 저는 아무것도 아닙니다. 주님, 저를 떠나가지 마시고 늘 동행하여 주옵소서!"

이렇게 기도하고 말씀을 증거하면 놀라운 일이 일어난다. 나는 웬만한 스피치 강사보다 말발(?) 하나는 세다고 자부할 수 있다. 얼마든지 사람들을 울고 웃기고 할 수 있다. 하지만 그때가 가장 위험할 때이다. 왜냐하면 하나님이 함께하시지 않으면, 하나님이 떠나시면 나는 아무것도 아니기 때문이다.

심령이 가난하면 복이 있다. 물질이 가난하면 바로 티가 난다. 삶이 쪼들려지고 힘겨워지고 돈에 주리고 목마르다. 어떻게든 살려고 발버둥 친다. 그런데 심령이 가난하면 어떠한가? 하나님을 향해 발버둥 친다. 하나님만 찾는다. 목마른 사슴이 시냇물을 찾아 헤매듯이 내 영혼이 주를 향해 갈급해지는 것이다. 가난한 심령에 하나님만 가득가득 채워 넣는 것이다. 하나님으로 만족하는 것이다. 기독교는 하나님을 갈망하여 하나님으로 채우는 것이다.

원태연의 시 중에 이런 글귀가 기억난다.

사랑하면 공휴일이 없을걸

> 막일꾼은 비 오면 쉬고
>
> 선생님은 방학이면 쉬고
> 농부는 겨울이면 쉬고
> 수험생은 시험 끝나면 쉬고
> 배우는 연습이 끝나면 쉬고
> 애기 엄마는 애기 자면 쉬고
> 널 그리는 나는
> 언제 쉬나?
>
> … 원태연, 〈넌 가끔 가다 내 생각을 하지 난 가끔 가다 딴 생각을 해〉 중에서

사랑은 그렇다. 다른 사람은 다 쉬어도 쉴 수가 없다. 사랑은 멈출 수가 없다. 하나님은 우리를 너무나도 사랑하신다. 우리에게는 너무나도 약하시다.

철문은 견고해도 열쇠는 간단하다

완도에 청소년청년수련회 준비를 위해 답사를 간 적이 있다. 여기저기 시설을 둘러보다가 가장 중요한 강당을 보게 되었다. 강당은 단단한 철문으로 잠겨 있었다. 시설을 안내하는 분이 자그마한 열쇠를 꺼내더니 열쇠 구멍에 넣고 돌렸다. 철컥! 육중한 철문이 스르르 열렸다.

'아, 이것이 바로 이번 주 설교 제목이다!'

그렇다. 아무리 크고 대단한 문제도 작은 열쇠만 있으면 해결이 된다. 우리가 성경 말씀에 순종하고 따라갈 때 문제는 해결되고, 철문은 열리는 것이다.

다윗과 일행은 시글락에서 육중한 철문보다 더 견고하고 큰 문제에 부딪혔다. 분노와 슬픔에 문제 해결은커녕, 리더 다윗을 원망하는 무리들로 인해 다윗의 목숨조차 위급한 상황이었다. 그렇다면 어떻게 문제 해결의 열쇠를 넣고 철문을 열어야 할 것인가?

1. 하나님으로부터의 확신이 있어야 한다.

삼상30:8

다윗이 여호와께 묻자와 이르되 내가 이 군대를 추격하면 따라잡겠나이까 하니 여호와께서 그에게 대답하시되 그를 쫓아가라 네가 반드시 따라잡고 도로 찾으리라 다윗은 하나님의 확실한 말씀을 듣고 추격했다. 되찾을 희망을 갖게 된 것이다.

목회를 하면서 가장 힘든 게 무엇인 줄 아는가? 재정 문제일까? 아니면 성도들과의 목양에 서 오는 갈등일까? 빨리 교회가 부흥하지 않는 것에 대한 문제일까? 단언컨대 이런 문제들은 힘들지 않다. 가장 힘든 것은 '내가 가고 있는 이 목회가, 지금 결정하고 있는 이 문제가 하나님의 뜻인가?' 하는 것이다. 하나님의 인도하심이 확실하다면 목사는 불구덩이라도 들어갈 수 있다. 순교하는 게 확실하다면, 지금이라도 당장 순교할 수 있다. 하나님의 뜻이라면, 명령이라면 당장 할 수 있다. 그런데 중요한 결정을 내릴 때 하나님의 뜻이라는 확신이 들 때가 그렇게 많지 않다는 것이다. 모든 상황과 객관적인 형편은 그렇다고 해도 '하나님께서 지금 이것을 원하시는가?'에 대한 확신이 들지 않는다면 결정하기 어려운 문제가 된다. 그 갈등과 응답의 시간이 목회할 때 가장 힘든 것이다.

우리 교회는 다섯 번의 성전 건축과 증축을 하였다. 그때마다 많은 반대와 어려움에 부딪혔다. 건축한다고 하면 잘 순종하던 성도들도 반기를 들고 조용히 떠나갔다. 목사는 성전 건축을 하면 50년 늙는다는 말이 있다. 진액이 다 빠져나간다. 건축 과정에서 상상할 수 없는 고난들을 겪게 되고 당하게 된다. 한 번이라도 성전 건축의 경험이 있는 목사라면 결코 이것을 두 번 하고 싶지 않다. 하지만 하나님께서 하라고 하시는 확신이 든다면 아무리 힘들고 어려워도 해야 한다. 그래야만 목회자는 하나님을 오직 의지하여 담대하게 모든 고난을 뚫고 나가게 된다. 어디 목사뿐이겠는가? 하나님의 자녀들이라면 당연히 하나님의 말씀을 듣고 확신을 가지고 고난을 이겨야 한다. 확신이 없다면 신앙의 싸움에서 자신이 없고 불안하다. 그러나 확신이 있다면 어떤 고난도 웃으며 이겨 낼 수 있는 힘이 생기는 것이다.

집회 갔던 어느 교회 부목사님이 중국 선교사로 헌신하고 선교를 위해 준비하고 있었다. 그분은 계속 아기가 생기지 않던 가운데 40대 중반에서야 겨우 아이를 얻게 되었다. 지금 40대 후반이 되었는데 곧 초등학교를 진학할 어린아이를 생각하니 해외에 나가기보다는 국내 목회로 방향을 돌리려고 고민하고 있었다. 목사님께서 상담을 요청해서 이렇게 답변해 드렸다.

"목사님, 하나님께 중국 선교를 서원하고 준비해 오셨다면, 일단 몇 년이라도 중국에 가서 선교를 하세요. 그래야 돌아와 국내 목회를 하더라도 후회가 없으실 거예요."

해외 선교는 아무나 가질 수 있는 마음이 아니다. 하나님께서 주신 확신이다. 하지만 그 확신을 거절하고 국내 목회에 머물게 된다면 목회하다가 문제가 생길 때마다 '그때 내가 해외 선교를 서원하고 나가지 않았기 때문에 내게 이렇게 어려움이 오는가?' 하게 된다. 머뭇거리게 되고 후회하게 된다.

사무엘상 1장 17절~18절에 사무엘의 어머니 한나의 담대한 믿음이 나온다. 그녀는 상황이나 현실을 근거로 담대히 확신을 가진 게 아니었다. 하나님의 말씀에 근거하여 확신을 갖고 하나님의 뜻이 이루어지기를 믿음으로 아멘했다. 한나의 확신은 왕이 없던 시대, 각기 제

소견에 옳을 대로 행동하던 암흑 같던 시대에 등불과도 같았던 선지자이자 제사장인 사무엘을 낳게 되는 결과를 낳았다.

2. 하향 평준이 신앙의 미덕은 아니다.

삼상30:9-10
이에 다윗과 그와 함께 한 육백 명이 가서 브솔 시내에 이르러 뒤떨어진 자를 거기 머물게 했으되 곧 피곤하여 브솔 시내를 건너지 못하는 이백 명을 머물게 했고 다윗은 사백 명을 거느리고 쫓아가니라

다윗은 뒤처진 자들이 생겼을 때 추격을 중단한 것이 아니라 전진해 나갈 수 있는 사람들을 추려 계속해서 전진했다. 브솔 시냇가에서 피곤하고 따를 수 없는 자는 쉬게 하고 돌아와서는 이들에게도 동일한 은혜를 주었다.

살면서 항상 모든 일에 모든 이의 동의나 단결이 있는 것이 아니다. 목회를 해 보니 단 한 번도 그런 적이 없었다. 항상 영적인 루저들이 있다. 영적인 낙오자들이 있다. 하지만 그 발걸음에 맞춰 모든 용사들이 보폭을 맞추면 절대 승리는 없다. 치고 올라가야 할 때에는 반드시 올라가야 한다. 함께 간다면 함께 다 죽을 수밖에 없다. 때로는 혼자라도 전진해서 승리의 고지를 점령하고 난 뒤 영적 전리품을 취해 뒤처진 그들과 함께 나눠야 한다.

믿음은 진보해야 한다. 앞으로 나아가야 한다. 신앙에 후진은 없다. 자전거는 후진이 없다. 잠시 멈출지언정 앞으로 다시 힘을 내어 나가야 한다. 목회는 목양과 보살핌의 두 영역으로 나누어져 있을 때 깨달아진다. 모든 다 군사처럼 양육할 수 없다. 보살핌을 받아야 하는 자들이 있다. 그들을 인정할 때 목회가 가능하다.

3. 만남을 소중히 여겨라.

다윗이 급하게 가족들의 생명을 건지러 아말렉을 뒤쫓는 급박한 상황 속에서도 사막에 버려진 애굽 종 하나를 먹이고 보살필 때 뜻밖의 정보를 얻게 된다. 그로 인해 아말렉의 행로를 알고 안내를 받아 지름길로 갈 수 있게 된다. 결국 그들을 치고 승리를 쟁취할 수 있었다. 버려지고 죽어가는 종이라고 해서 소홀히 하지 않은 결과였다. 그러니 누구라도 만남을 소중히 여겨야 한다.

만남을 귀하게 여기지 않는 사람은 항상 축복의 한계가 있고 지금은 당장 이익인 것 같지만 사업장에서, 일터에서, 자녀들의 문제에서 길이 꽉 막혀 버리는 경우를 많이 보았다.

난 작은 교회를 살리기 위해 교인 수가 적은 교회라 할지라도 달려가서 불철주야 복음을 전했다. 그렇게 복음을 전하다가 만난 분이 김종관 목사님이시다. 그분을 통해 목포 연합성회를 인도하게 되었고, 이 집회를 통해 광주와 전남 지역에 내가 알려지게 되었다. 지금은 전라도에 있는 시간이 울산에 있을 때보다도 더 많을 정도가 되었다. 연합성회를 통해 최수인 목사님을 만났고, 최수인 목사님을 통해 완도 선교교회 김정두 목사님을 만나게 되었다.

　완도 선교교회 김정두 목사님의 이야기다. 10년 전 1억 4,500만 원을 갚지 않으면 교회가 파산할 위기에 처해 있었다. 목사님은 교회에 득이 되지 않을 것 같아서 개인적인 채무로 처리하고 사임하였다. 그리고 무작정 미역을 컨테이너 하나에 가득 채우고 미국으로 떠났다. 막상 도착해 보니 아무도 아는 사람도 없고, 미역을 팔 재주도 없었다. 그렇게 부둣가에서 헤매는데 세상에나, 아는 얼굴이 지나갔다. 그 사람은 바로 예전에 완도에서 목회할 때 500만 원어치 미역을 떼먹고 도망간 목사였다. 원수를 만났건만 처음엔 낯선 타지에서 아는 얼굴을 본 것도 반가워서 웃으며 대했단다. 그랬더니 도망갔던 목사가 자신이 잘못했다면서 떼먹은 미역값 500만 원을 돌려주었다는 것이 아닌가. 여기서 끝이 아니다. 여기저기 한인 방송을 소개해 줘서 미역을 판매하기 시작했는데 불티나게 잘 팔렸다. 숙소에까지 찾아와 미역을 찾을 정도가 되었고, 컨테이너를 더 주문하기에 이르렀다. 그렇게 모두 팔고 나자 남은 돈이 딱 1억 4,500만 원이었다. 목사님은 귀국하여 돈을 모두 갚았고 목회를 다시 시작할 수 있었다. 그 뒤부터 미국에서 부흥회 인도 요청이 쇄도하여 1년에도 몇 개월씩 미국에 가서 부흥회를 인도하는 목사가 되었다.

　CTS 기독교방송의 최남철 PD를 만난 것도 큰 인연이었다. 굵직한 대형 기독교 출판사에 출판하지 않고 그가 운영하는 물맷돌 출판사를 통해 책을 내고 있는데, 책을 읽은 목사님들로부터 해외에서도 집회 요청이 들어온다. 발 없는 책에 날개가 달려 전 세계를 향해 복음의 소식을 전하는 것이다.

채우심

지금까지 헌신과 사명을 강조하였다. 우리가 짊어질 십자가에 대한 말씀을 많이 드렸다. 하나님은 우리에게 항상 고통과 아픔과 십자가만 주시는 분일까? 아니다. 내가 아는 하나님은 십자가 고통만 주시는 분이 아니시다. 오히려 우리의 모든 필요를 아시고 채우시며, 공급해 주시는 놀랍고 고마우신 분이시다. 이 말씀을 통해 채우시고 공급하시는 하나님을 만나시기를 간절히 바란다. 그렇다면 하나님께서는 어떠한 방법으로 우리를 채우실까?

1. 구하는 자에게 채우신다

정말 열정을 가지고 하나님의 뜻에 맞춰 간절히 기도해 보았는가? 하나님은 간절히 기도하고 소원하는 자들의 기도를 들어주신다. 가만히 있는 자들의 기도를 들어주신다고 하지 않으셨다. 감나무에서 감이 떨어질 때까지 입만 벌리고 누워 있는다면 과연 감이 떨어지겠는가? 성도라면 당연히 움직여야 한다. 목적을 향하여 당당히 나아가야 한다. 간절함을 가지고 말이다. 그를 바라보고 그 분께 기도를 드려야 하는 것이다. 이런 자들에게 하나님께서는 특별한 응답을 해주실 것이다. 그분을 믿자. 그 분의 길을 걸어가자.

마7:7~8

구하라 그리하면 너희에게 주실 것이요 찾으라 그리하면 찾아낼 것이요 문을 두드리라 그리하면 너희에게 열릴 것이니 구하는 이마다 받을 것이요 찾는 이가 찾아낼 것이요 두드리는 이에게는 열릴 것이니라

약1:5

너희 중에 누구든지 지혜가 부족하거든 모든 사람에게 후히 주시고 꾸짖지 아니하시는 하나님께 구하라 그리하면 주시리라

2. 하나님(신앙)을 우선으로 사는 자를 채우신다

성도라면 당연히 하나님 나라가 우선순위가 되어야 할 것이다. 내 자신의 이익과 만족을 위해서 사는 것이 성도가 아니란말이다. 먼저 하나님의 뜻을 이루고 앞장서 나갈 때 나머지는 하나님께서 다 책임지신다는 말이다. 이런한 믿음이 없이 우리가 무슨 신앙생활을 한단 말인가? 이 소중한 진리를 마음판에 새기고 오늘도 나아가야 할 것이다.

마6:25~33

먼저 그 나라와 그의 의를 구하라 그리하면 이 모든 것을 너희에게 더하시리라

미국에서 유명한 칙필레(Chick-fil-A) 치킨점이 있다. 40여 개 주에서 1,800개의 매장을 운영하고 있는 이 체인점은 '주일은 쉽니다'라는 원칙을 고수하고 있다. 매출이 50억 달러(우리 돈 5조 2,000억 원)가 넘으면서 KFC를 누르고 업계 1위가 되었다. 지난 2014년 9월 8일 세상을 떠난 창업주 새뮤얼 케이지가 세운 주일 휴무 원칙은 계속 이어져왔다. 그는 평소에 지역사회 주민들과 함께 더불어 살아야 함을 강조했고, 주일 휴무에 대해 이렇게 말했다.

"주일에 쉬는 것은 사업가로서 내린 최고의 선택이었습니다. 주일은 하나님을 향한 우리의 고요한 간증입니다."

모든 승리가 아니라 최후 승리를 주시는 하나님

빌립보서 4장 6절 말씀은 이렇게 시작한다.
'아무것도 염려하지 말고'
이 말은 염려할 수 있는 일들이 생길 수 있다는 것을 전제로 한 말씀이다. 왜 우리를 사랑하시는 하나님이 염려를 주실까? '모든 어둡고 괴로운 일들은 주시지 않겠지' 하고 생각할 수 있다. 오해할 수 있다. 그러나 신앙에 대한 오해가 풀려야 영적 성숙의 길을 꾸준히 갈 수 있기에 우리는 오해하지 말고 이해해야 한다.

하나님은 사랑하는 백성들에게 형통함만을 주심으로써 사랑을 표현하시는 분이 아니시다. 어려움과 실패를 이길 힘을 주심으로써 그 사랑을 표현하시는 분이시다. 하나님은 절대로 모든 승리를 주시는 분이 아니시다. 모든 승리가 아니라 최후 승리를 주시는 분이시다.

만약 하나님이 모든 승리와 형통함으로 사랑하는 백성을 다루시는 분이시라면 우리 모두 다 버려진 사람에 불과하다. 하나님께 미움받는 자들이 아니겠는가? 왜냐하면 우리 삶에 아픔과 어려움이 이렇게 많고 실패가 이렇게도 많으니 당연히 버려진 자들이 아닌가 말이다. 그러나 하나님의 사랑을 오해하지 말라. 하나님의 인도하심을 의심하지 말라. 나의 목자 되신 하나님은 나를 푸른 초장만으로도 인도하시는 분이 아니라 사망의 음침한 골짜기를 지나갈 힘을 주시는 하나님이시다.

시편 23편에서 시인은 사망의 음침한 골짜기를 다닐지라도 여호와를 찬양한다. 시편 대부분이 고난 중 만난 하나님의 참사랑을 고백하며 주는 나의 구원의 산성, 피할 바위라 말씀한다.

시23:1-6

여호와는 나의 목자시니 내게 부족함이 없으리로다
그가 나를 푸른 풀밭에 누이시며 쉴 만한 물가로 인도하시는도다
내 영혼을 소생시키시고 자기 이름을 위하여 의의 길로 인도하시는도다
내가 사망의 음침한 골짜기로 다닐지라도 해를 두려워하지 않을 것

은 주께서 나와 함께하심이라 주의 지팡이와 막대기가 나를 안위하시나이다

주께서 내 원수의 목전에서 내게 상을 차려 주시고 기름을 내 머리에 부으셨으니 내 잔이 넘치나이다

내 평생에 선하심과 인자하심이 반드시 나를 따르리니 내가 여호와의 집에 영원히 살리로다

출애굽기 15장에는 마라의 시험과 여호와 라파의 하나님을 만나는 사건이 나온다. 방금 전까지 하나님을 찬양하고 노래하던 이스라엘 백성들이었다. 홍해를 가르신 능력의 하나님, 승리를 주신 하나님을 춤추며 찬양하다 갑자기 어이없는 곤란이 찾아온다. 쓴 물이 찾아온 것이다. 시퍼런 홍해도 가르시는 분이 계신데 물이 쓴 게 문제인가? 그것을 못 고치시겠는가? 그런데 그럼으로 인하여 하나님을 알아간다. 하나님께서 또한 우리가 어떤 존재인지 알려 주시는 것이다. 흙탕물을 휘젓는 것처럼 금방 나의 본질, 나의 모습이 다시 드러나게 된다.

아말렉과의 전투에서도 단번에 승리를 주시지 않고 실패와 승리를 반복하게 하신다. 그럼으로 알게 된 하나님은 어떠하신 하나님이신가? 승리의 하나님, 여호와 닛시를 외치게 되는 것이다(출17:15).

슬플 때는 기도해야 한다. 절망이 아니라 하나님께 기도하라는 뜻을 발견해야 한다. 문제를 해결하기 위해 기도를 해야 하는 것이 아니다. 그 문제는 기도의 자리로 인도하시려고 하나님께서 보내신 기도

의 초대장임을 깨달아야 한다.

　감사함으로 기도하자. 절대로 불평하고 원망하여 기도하지 말고 감사함으로 기도하자. 하나님은 친정어머니 같지 않은가? 그 존재가 계시는 자체가 행복이고 감격이지 않은가? 옛날 어머니들처럼 벙어리처럼 귀머거리처럼 장님처럼 말 못 하며 참고 가슴에 멍들고 조각나며 입을 틀어막고 울다가, 몇 년 만에 어쩌다 한 번 만난 친정어머니께 두런두런 한풀이하고 또 그 힘으로 몇 년을 살지 않으셨던가?

　우리도 그 절망의 순간을 엎드려 기도할 수 있는 하나님이 계심에 감사하지 않는가? 하나님은 우리에게 항상 기뻐하라 명하신다. '그리하면 모든 지각에 뛰어난 하나님의 평강이 그리스도 예수 안에서 우리의 마음과 생각을 지키신다'고 약속하신다.

　문제의 해결이 아니더라도 내 마음이 위로받고 평안해지는 믿음의 사람들만이 누리는 진정한 행복! 이것이 바로 우리 성도의 특권이다.

생각대로 되지 않는 건
참 멋진 일이다

에필로그

패자는 시작도 마지막도 패자이지만 승자는 처음엔 패자, 마지막은 승자이다.

흙수저로 태어났다면 영원히 흙수저로 사는 게 맞는가? 금수저로 태어났다고 영원히 금수저가 보장된 것인가? 희망의 소식이 있다. 그리스도인은 다이아몬드 수저로 거듭난다. 아무리 과거가 흙수저라고 할지라도, 아무리 과거가 잘난 금수저 출신이라고 할지라도 모두 다이아몬드 수저로 거듭난다.

스탠포드 대학의 유명한 심리학자인 캐롤 드웍 박사는 고정 마인드셋(Fixed mindset)인 사람과 성장 마인드셋(Growth mindset)인 사람으로 유형을 구분하여 연구하기 시작하였다. 초등학생을 대상으로 첫 번째 그룹은 고정 마인드셋의 방식으로 칭찬하였다.

"참 너는 똑똑하구나. 타고난 게 남다른걸!"

두 번째 그룹은 성장 마인드셋의 칭찬을 하였다.

"참 너는 열심히 노력하는구나. 더 잘할 거야!"

첫 번째 그룹은 타고난 지능에 흠집을 내기 싫어했다. 실패를 인정하기 어려웠다. 반면 두 번째 그룹은 실패를 해도 금방 잊고 다시 도전할 수가 있었다. 실험 결과 첫 번째 그룹은 성적이 20% 떨어졌고, 두 번째 그룹은 성적이 30%나 향상되었다.

조폭 영화나 옛날 사극 같은 데서 보면 임무나 전쟁에 실패한 부하를

대하는 보스나 왕의 태도는 어떤가? 그냥 그 자리에서 죽여 버린다. 두 번의 기회는 없다. 천 년의 왕국을 이루었던 로마제국은 달랐다. 시오노 나나미의 〈로마인 이야기〉에 보면 로마제국은 전쟁에 패한 장군에게 기회를 다시 주었다. 패배했던 장군은 실패를 교훈 삼아 고진감래하여 다음 전투에서는 반드시 승리했다.

지금도 섬뜩한 삼성의 광고 멘트가 기억난다.

"세상은 아무도 2등을 기억하지 않습니다."

그러나 2등이 있어야 1등이 빛나고, 2등도 해 봐야 1등도 될 수 있는 것이다. 광고는 정말 중요한 사실을 놓치고 있다. 1등도 2등, 3등, 아니 꼴등 시절이 있었다는 사실을 모른다. 2008년 베이징 올림픽 60kg급 유도에서 최민호 선수가 여섯 선수를 상대로 연속 한판승으로 금메달을 땄다. 우리나라 유도 역사상 전 게임 한판승으로 금메달을 딴 유일한 경기이기도 하다. 그러나 4년 전 아테네 올림픽에서 그는 동메달에 머문 선수였다. 더 과거로 올라가면 만년 국내 2인자로 불리는 불행한 선수 중 하나였다. 실패에 익숙한 그에게 경기는 더 이상 부담으로 다가오지 않았다. 세계 랭킹에서도 거리가 멀던 그를 사람들은 금메달 후보로 전혀 생각하지 않았다. 반면 유도 73kg급 세계 랭킹 1위였던 왕기춘은 금메달 후보 0순위였다. 그러나 기대와는 달리 은메달에 그쳤다. 세계 1위라는 승자의 타이틀이 도리어 걸림돌이 된 것이다.

하나님께서는 실패자를 찾으신다. 집 안에 있는 큰아들보다 집 나간 탕자, 작은아들을 애타게 찾으신다. 상처가 많을수록, 실패가 거듭될수록 내가 이 땅에 살면서 승리할 기회가 더 많이 늘어나는 것이다. 그리스도인은 실패하지만 오뚝이처럼 다시 일어난다.

잠24:16

대저 의인은 일곱 번 넘어질지라도 다시 일어나려니와 악인은 재앙으로 말미암아 엎드러지느니라

어떤 이는 우리 생각대로 되는 일은 열 개 중 하나, 두 개라고 한다. 즉 여덟, 아홉 개가 내 생각대로 되지 않는다는 것이다. 그러니 인생 그러려니 하고 살자. 반면 하나님의 뜻에 중심을 둔 사람들, 그분의 생각에 순종하며 사는 사람들은 백 프로 생각대로 될 줄로 믿는다. 왜냐하면 하나님의 생각이고 사명이고 그분이 이루시기 때문이다. 우리는 다만 순종하고 행동하면 되는 것이다. 부디 성경 말씀대로 사셔서 우뚝 서시기를 간절히 바란다.

2017년 12월
울산온양순복음교회
세상에서 가장 행복한 종 안호성 목사